青豆
書坊

—— 阅读 · 思考 · 生活 ——

教育的目的

［英］艾尔弗雷德·诺思·怀特海 著

张勇 译

The Aims of
Education and Other
Essays

重庆出版社

图书在版编目（CIP）数据

教育的目的 / (英) 艾尔弗雷德·诺思·怀特海著；
张勇译 . -- 重庆：重庆出版社 , 2024. 12. -- ISBN
978-7-229-19546-5

I. G40-011

中国国家版本馆 CIP 数据核字第 2025V6E658 号

教育的目的
JIAOYU DE MUDI
〔英〕艾尔弗雷德·诺思·怀特海 著 张勇 译

责任编辑：金 玲 叶 子
特约编辑：贺 天
封面设计：任伟嘉 邱兴赛

▲ 重庆出版社 出版

重庆市南岸区南滨路162号1幢 邮政编码：400061 http://www.cqph.com
河北鹏润印刷有限公司印制 青豆书坊（北京）文化发展有限公司发行
Email: qingdou@qdbooks.cn 邮购电话：010-84675367

全国新华书店经销

开本：889mm×1194mm 1/32 印张：7.75 字数：135千字
2025年7月第1版 2025年7月第1次印刷
ISBN 978-7-229-19546-5

定价：52.80元

如有印装质量问题，请向青豆书坊（北京）文化发展有限公司调换，电话：010-84675367

目 录 CONTENTS

目 录

CONTENTS

第
1
章

教育的目的

文化是思想活动，是对美和人文情感的接受。支离破碎的信息与文化无关。一个人如果仅仅只是见多识广，那么，他就是全世界上最没用而讨厌的人。我们应该培养既有文化，又在某个特殊领域有专门知识的人。专门知识将为他们提供前行的基础，而文化会引导他们走向哲学那样的深刻，艺术那样的高雅。我们应当记住，有价值的智力发展是自我发展，而这种发展大多发生在16岁至30岁之间。至于这种发展的训练，最重要的部分则是在12岁以前由母亲提供的。大主教坦普尔（Archbishop Temple）的一句名言也说明了我的意思。有个曾就读于拉格比公学（Rugby School）的男孩，读书的时候平凡无奇，却在后来的生活中获得了成功。当有人对此表示惊讶时，大主教答道："重要的不是18岁时是什么样的人，而是后来成为了什么样的人。"

在训练孩子进行思考时，首要的便是要谨防我所说的"惰性思想"——也就是说，思想仅仅被灌输到大脑中，而没有被运用、验证，或者融入其他新颖的思想之中。

在教育史中，最引人注目的现象是：学校教育在某个时期充满培养天才的活力，后来却只剩下迂腐和循规蹈矩。这其中的原因在于，它们负荷了太多惰性思想。有惰性思想的教育不仅是无益的，更是有害的——正如拉丁谚语所说的："最好的东西发生腐败，就会成为最坏的东西"。过去的教育除了少数时期具有思想活力，多数时候都被惰性思想彻底侵蚀了。这就是为什么那些未接受过教育的聪明女性，在步入中年，有了相当的阅历之后，反而成为社会中最有文化的那部分人。她们没有受到惰性思想的可怕影响。激发人类走向伟大的每一次思想革命，无一不是对惰性思想的激烈反抗。遗憾的是，由于对人类心理的可怜的无知，这些思想革命继续采用某种教育体制，将这种体制自身形成的惰性思想又重新束缚在人类身上。

现在，让我们来谈论这个问题：在我们的教育体制中，应该如何防止这种精神干腐病？我们先来阐明两条教育戒律，一是"不要教太多科目"，二是"教什么，就要教得透彻"。

零零碎碎地教许多科目，其结果是学生被动地接受了一些彼此没有关联的思想，不会产生任何的活力火花。教给孩子的思想总体上应当少而精，并且要能融会贯通。孩子们应当把这些思想变成自己的，应该懂得如何在实际生活环境中适时地运用这些思想。孩子从接受教育的第一刻起，就应该能够体验到发现的乐趣。

他应该发现，普遍性的思想有助于理解贯穿他全部生活的种种事情，也就是他的生命。我这里所说的"理解"，意思不限于逻辑分析，尽管也包含了逻辑分析。有句法国格言说，"理解一切，便是宽容一切"。我所用的"理解"一词，正是这个意义。老学究们会嘲笑讲求实用的教育。但是，如果教育没有用处，它又是什么呢？难道一个天才要把才智隐藏起来？教育当然应该是有用的，无论你的生活目标是什么。对圣·奥古斯丁来说，教育是有用的；对拿破仑来说，教育也是有用的。教育是有用的，因为"理解"是有用的。

理解应当由文学方面的教育来赋予，关于这一点，我只想一带而过。我也不想被误解为，好像我要宣告古典课程或现代课程在这方面更有优势。我只想说，我们想要的理解是对于持续的当下的理解。过去的知识，其唯一的用途便是武装我们的头脑，为当下服务。对于年轻人的思想而言，再也没有什么比轻视当下更能造成致命的伤害了。当下涵盖了一切。它是神圣的领域，因为它既是过去，也是未来。同时，我们必须注意到，过去的时代终究是过去了，200年以前绝不比2000年以前更新鲜。不要被迂腐的日期给欺骗了。莎士比亚、莫里哀的时代，与索福克勒斯、维吉尔的时代一样，都已经过去了。所谓的"圣徒相通"，是一场伟大的启发灵感的聚会，但聚会大厅只可能有一个，那便是当下。

而任何特定时代的圣徒们都必须穿越时间才能抵达"聚会大厅"，至于要花多长时间就关系不大了。

现在让我们转而谈谈科学和逻辑方面的教育，我们要记住，在这些方面不讲求运用也肯定是有害的。所谓运用观念，我指的是将它与构成我们生活的，由感官知觉、情感、希望、欲望以及思想与思想之间的心理调适活动所组成的流联系起来。我能够想象到，一些人可能会通过被动地回顾互不关联的观念，来增强他们的精神。但是，人性不是这样构建而成的，或许一些报纸编辑例外。

在科学训练中，对于一个思想观念，首先要做的是证明它。但是，请允许我先展开说一下"证明"这个词的含义，我指的是：证明其价值。一个思想观念，除非体现该思想观念的命题是真实的，否则它便没有什么价值。因此，在对思想观念进行证明时，重要的是通过实验或者逻辑来证明命题是否为真。但是，这个步骤并没有被看成是必不可少的。当引入某思想观念时，在最初证明其真实性并没有那么重要，毕竟，值得尊敬的老师的权威性意见，已经足够证明该思想观念的真实性了。在最初接触到一组命题时，我们是从认识其重要性开始的。这是我们在成年生活中都会做的事。从严格意义上来说，我们不会试图去证明或反驳某件事情，除非其重要性值得我们这样做。从狭义上来说，这两个过程——证明和认识，并不需要在时间上严格地划分先后，二者几乎可以同时进行。但是，就二者之中一定有某个过程具有优先性而言，那应该就是认识过程在先了。

此外，我们不应该孤立地去运用命题。需要强调的是，我并不是说以一组小巧的实验来阐明命题1，然后证明命题1，再以一组小巧的实验来阐明命题2，然后证明命题2，如此类推，直到结束整本书。再没有比这更无聊的了。相互关联的定理是作为整体被运用的，不同的命题可以以任意顺序反复地被使用。从你学习的理论主题中选择一些重要的应用，同时以系统的理论阐述来研究它们。理论阐述需要简洁，易于理解，但是必须严谨、精确。它不能太长，以便被彻底、准确地掌握。接受过多一知半解的理论知识，后果是很糟糕的。而且，理论不应与实践混为一谈。孩子应该确定无疑地知道什么时候是在证明，什么时候是在运用。我的观点是，被证明了的知识应该得到运用，而且被运用的知识——只要有可能——就应当加以证明。我绝不认为证明和运用是一回事。

谈到这里，我可以稍稍离题，最直接地提出我的论点。我们才刚刚认识到，教育的艺术与科学需要有自己特有的天赋和学问；而且这种天赋、这种学问不只是科学或文学的某些分支的简单知识。上一代人只是部分地认识到了这个道理；有些校长更多地要求同事们学习用左手打保龄球，培养对足球的兴趣，而不是学习文化知识，这多少有些粗鲁。但是，文化不只是板球，不只是足球，也不只是知识的广度。

　　教育就在于掌握运用知识的艺术。这种艺术很难传授。无论何时，当一本具有真正教育价值的教科书出版时，你可能会确信，一定有某些评论者会说，我们很难依照这本教科书去讲授。当然，照着它去讲授是很困难的。如果容易的话，这本教科书就应该被烧掉，因为它不可能具有教育价值。在教育方面，如同在其他领域一样，宽广无忧的道路必然通向肮脏之地。这条邪恶之路可以体现在书中或者一系列讲座中，这些书或讲座为的是让学生死记硬背下一次校外机构考试可能会问到的所有问题。我想顺带说一句，没有哪种教育体制能走通这条路，除非每次考试中直接问学生的每个问题都是由该科目的实际任课教师拟订或修改。校外评价者可以就课程的情况或学生的表现进行报告，但绝不应该问学生没有经过授课老师严格审核的问题，或者至少应该问在与学生长时间的讨论中所引发的问题。这一规则也有一些例外，但因为是例外，在普遍规则的考虑之下是被允许的。

　　现在，回到我之前的观点上去，即理论知识应当总是能在学生的课程中得到重要的运用。这条原理应用起来并不容易，甚至是很难的。它自身包含了如何保持知识的活力，如何防止教育僵化的问题，而这是所有教育的核心问题。

最佳解决方案将取决于几个不可或缺的因素，即教师的才智、学生的智力类型、学生的生活前景、学校周边环境所提供的机会，以及诸如此类的其他相关因素。正因为如此，校外机构组织的统一考试才是极其致命的。我们声讨这类考试，并非我们想法古怪，喜欢声讨已经确定的事情。我们不会如此幼稚。当然，这类考试在考查学生是否懈怠方面也是有用的。我们有着明确而实际的原因厌恶此类考试，它把文化中的精华部分给扼杀了。当你根据经验去分析教育的中心任务时，你会发现，它能否成功实现取决于对许多变量因素的精妙调节。因为我们面对的是人的心灵，而不是僵死的物体。唤醒学生的好奇心、判断能力、驾驭复杂情况的能力，以及在特定情形下运用理论做出预见的能力，所有这些能力都不是一系列考试科目中所体现的那套规则能够传授的。

我要请你们这些具有实际经验的教师注意。只要一个班级纪律良好，就有可能给班上的学生灌输一定量的惰性知识。你拿上一本教科书，让学生们去学习它。到目前为止，一切都还运转得很好。然后，孩子知道了如何去解一个二次方程。但是，教孩子去解一个二次方程的意义何在呢？对这个问题的传统回答是这样的：大脑是一个工具，你先要让它锐利起来，然后再去使用它；获得解决二次方程的能力，便是让大脑锐利起来的过程之一。这个回答中包含了一定的真理，足以让它一代代地流传下来。但是，在所有关于它的真假参半的陈述中，包含了一个极其严重的错误，而这个错误有可能会扼杀现代世界中的天才。我不知道是谁第一个把大脑类比为无生命的工具的。就我所知，这可能是希腊七贤中的一人，或者是他们全体的看法。不管提出者是谁，它都通过有名望者的不断赞许，获得了无可置疑的权威性。但是，不管它具有多大的权威性，能够获得多高的认可度，我都要毫不犹豫地声讨它：它是被引入教育理论中最致命、最错误、最危险的观念之一。大脑从来不是被动的；它处于永不停息的活动状态，精致而富有接受力，并且对刺激敏感。你不必延迟它的生命力，直到它变得锐利起来才使用。只要是与你所教科目相关的兴趣，就应该立刻被唤起；不管你要强化学生哪些方面的能力，都必须立刻操练；不管你要教学生过怎样的精神生活，就要立刻展现出来。这是教育中的一条金科玉律，也是一条很难遵守的规则。

这种困难就在于：对一般观念的理解，大脑的思想习惯，以及对智力成就的愉悦感，这些都难以用语言的形式唤起，无论你如何精确地调整语言。所有具有实践经验的老师都知道，教育是一个耐心的过程，需要把握细节，每一分钟、每一小时和每一天都是如此。学习并没有捷径可走，无法通过虚幻、高妙的概括去习得。有句格言说得好：只见树木不见森林。这种困难也正是我想要强调的。教育需要解决的问题，是让学生通过树木见到森林。

我极力主张的解决办法是，要根除各个科目之间那种致命的脱节状况，因为这种脱节扼杀了我们现代课程的活力。对教育而言，只有一个主题，那就是丰富多彩的生活。然而，我们没有给孩子们提供这个统一的主题，而是提供了：代数，但没有后续；几何，但没有后续；科学，但没有后续；历史，但没有后续；几门语言，但从未掌握；最后，还有最沉闷的课程——文学，以莎士比亚的戏剧为代表，加上语言学的注释和关于情节、角色的短篇分析，这些实质上是为了让学生记住它们。我们能够说这样一个清单表现了生活吗？它能代表我们所熟知、生活于其中的生活吗？这个清单最多只能叫便览目录，是神想要创造一个世界时，在他的脑海里一闪而过，还没有想好该如何融为一体的一堆东西。

现在，让我们回到二次方程这个知识点上。我们还没有解决这个问题。为什么要教孩子们解二次方程的方法呢？除非二次方程能够融入彼此关联的课程中，否则我们当然没有理由去教这方面的知识。此外，尽管数学在整个文化中应当占有广泛的地位，但我还是有点怀疑，对许多类型的孩子来说，二次方程的代数解法是否属于数学的专业范畴。在这里，我想提醒你们的是，到目前为止我还没有说到关于心理学等专业领域的内容，它们对于理想的教育而言都是很必要的组成部分。但是，所有这些内容都回避了我们的真正问题。我只是想声明这一点，以免大家误解我的答案。

二次方程是代数的一部分，代数则是人们为了清楚地呈现世界定量的一面而创造的一种智力工具。这是无法回避的。世界彻头彻尾地受到了数量的影响。要想显得说话有道理，就必然涉及量。说这个国家很大是无用的——具体多大？说镭是稀有金属也是无用的——有多稀有？你无法绕开数量。你可以逃避到诗歌和音乐王国里，但是你仍将会在韵律和八度音阶里遇到数量、数字。那些轻视定量理论的高才雅士，其实不过是半成品。他们更值得同情，而不是被谴责。在他们的学生时代，以"代数"的名义教给他们的那些乱七八糟的无用东西，应该受到鄙视。

代数退化为无用的东西——无论从言辞还是从事实上来说都是如此，这个问题给我们提供了一个可悲的实例，说明单纯地改良教育计划是无用的，你得有一个清晰的概念作为依托：在孩子们活跃的大脑中，你想唤起哪些品性。几年前，人们大声疾呼，学校的代数需要改革，但又一致认为，教图表能够让一切好起来。因此，各种东西都被排除了，图表则被引入。就我看到的而言，被引入的只有图表，没有任何背后的理念。现在，每张数学考卷上都有一两个图表问题。就我个人而言，我是热情拥护教学生图表的。但我不知道，到目前为止，我们从中到底有多少收获。生活与所有智力或情感认知的重要特征都有所关联，除非你成功地呈现出一些它们的关系，否则你无法把生活融入普通教育的计划表中。这句话很难懂，但却是正确的；我也不知道如何能把它说得更易懂一些。你在做这些小的形式上的改变时，却被事物的本质打败。你要面对的是一个高超的对手，它能确保自己总是获胜。

改革必须从另一端开始。首先，你得做出决定，关于世界的定量描述方面，有哪些足够简单，能够引入普通教育之中；然后，应该制订出代数的课程计划，你将在其中发现代数在应用方面的范例。不必担心这会丢掉我们所钟爱的图表，一旦我们把代数看作研究世界的一种重要方式，课程中就会大量出现图表。我们在对社会做最简单的研究时，就会找到一些关于数量的最简单的应用。相较于枯燥的名字和日期罗列，关于历史的曲线图会更为生动，信息也更为丰富，而前者构成了枯燥的学校教育中的大部分内容。记住一堆无关紧要的国王和女王的名字能起到什么作用呢？汤姆、迪克，或者哈里，他们全都死了。普通人起死回生是不可能的，最好把他们放在一边。现代社会的各种力量的量化演变，可以非常简单地呈现出来。与此同时，变量、函数、变化率、方程式及其解法、消元法等概念，就其本身的性质而言，应该被当成抽象科学来研究。当然，不是用我在这里略微提及它们时所用的这种浮华辞藻，而是反复使用适合教学的简单的、特别的实例。

如果沿着这条路线走下去，那么从乔叟到黑死病，从黑死病再到现代劳资纠纷，中世纪朝圣者的故事与代数这门抽象的科学将被联系起来，二者都体现了同一主题——生活的不同方面。对于这一点，我知道你们之中大多数人会怎么想。我所勾勒的这条准确的路线，并不是你们会选择的具体路线，甚至你们也不会想看它是如何起作用的。我相当同意这种看法。我不是说我自己可以做到这一点。但是，你们反对的原因，恰恰说明了为什么共同的校外机构考试制度对教育来说是致命的。想要成功展示知识的应用过程，本质上取决于学生的性格和教师的天赋。当然，我忽略了最简单的知识应用，即我们中大多数人比较熟悉的情形。我指的是科学的定量表达方面，比如力学和物理学。

再比如，同样的道理，我们根据时间绘制出社会现象的统计图。然后，我们去除成对现象之间的时间因素。我们就可以推断，两个现象在多大限度上呈现出了真正的因果关联，或者说只是时间上的巧合。我们注意到，我们可以按时间绘出一个国家的一组统计图，以及另一个国家的另一组统计图，再选择合适的主题加以比较，这样我们就可以获得一些图表，其中当然会有部分呈现出纯粹巧合的关系。其他图表也会呈现出明显的因果关联。我们想知道该如何去辨别这些。就这样，我们将得到最大的进步。

但是在考虑这一描述时，我必须请你记住我上面一直在坚持的看法。首先，一种思路不会适用于所有类型的孩子。例如，我应该预料到，相比我在这里所记下的东西，喜欢做手工的孩子需要更具体的东西，以及在某种意义上更敏捷的东西。或许我是错的，但是，这是我应该去做的猜测。其次，我没有期待一场精彩的讲座就会彻底激励出一个令人羡慕的班级。这不是教育向前发展的方式，不是这样的。学生们一直努力学习，解决例题，绘制图表，做实验，直到他们彻底掌握整个科目。我所描述的这些解释与说明，都应该对学生的思想有引导作用。应该让学生们能感受到他们是在研究一些事情，而不只是在进行智力操练。

最后，如果你正在教学生去通过某个考试，那么如何合理教学的问题就复杂多了。你有没有注意过诺曼式拱门上环绕的曲折的回纹装饰？古代的作品精美绝伦，现代的作品则丑陋无比。原因在于，现代作品是根据精确的测量完成的，而古代的作品则随工匠特质的不同而有所不同。前者是拥挤的，后者则是开阔的。现在，要帮学生通过考试，本质便是给予教学计划中所有的科目以相同的重要性。但是，人类天生就是各具专长的。一个人看到了科目的整体，而另一个人却只能发现几个孤立的例子。在课程中允许学生发展专长，尤其是在为掌握广阔的文化而设计的课程中，我知道这看上去是矛盾的。没有矛盾，这个世界将会更为单调，也许还更为无聊。我确信，在教育中排除专长的发展即是在毁灭生活。

现在，让我们谈谈普通数学教育中的另一个重要分支——几何学。同样的原则在这里也适用。其中的理论部分应当清晰、严谨、简短、重要。在呈现概念间的主要联系时，不是绝对必要的命题都应当被删去，但是那些重要的基本概念应当被保留。有些概念是不能忽略的，比如相似性和比例。我们必须记住，在图形的视觉化呈现的辅助下，几何学成了一个练习推理能力的绝佳领域。当然，几何绘图也训练了手和眼的能力。

但是，就像代数一样，几何和几何绘图也必须延伸到单纯的几何概念之外。在工业的相关领域，机械和车间操作实践可以成为几何学的适当延伸。例如，在伦敦理工学院里，这方面就获得了显著的成功。对于许多中学来说，我建议将测量和绘制地图作为几何学的自然应用。特别是绘制平面图，应当能够引导学生形象地理解几何原理的直接应用。简单的绘图仪器、测绘员的测链和罗盘，应该能够使学生的兴趣从勘查、测量一个区域，上升到制作一小块地区的地图。最好的教育是从最简单的仪器获得最多的知识。我强烈反对给学生提供精密的仪器。要制作一小块地区的地图，就得考虑其道路分布、轮廓、地质情况、气候，与其他地区的关系，以及居民的生活状况，比起讲授珀金·沃贝克（Perkin Warbeck）①或贝伦海峡（Behren's Straits），这些因素能提供更多的历史和地理知识。我指的不是关于这个主题的模糊不清的讲座，而是一次严肃的调查，在这样的调查中，通过精确的理论知识的帮助，学生得以清楚地确定真正的事实。一个典型的数学问题应该是这样的：测量某一个区域，按照某个比例画出平面图，然后算出它的面积。这将是相当好的一个教学过程，可以传授必要的几何命题，而不必先去证明它们。然后，在同一个学期里，学生就可以在调查过程中学习相关命题的证明了。

　　幸运的是，相较于通识文化教育，专业方面的教育提出的问题比较简单。这里面的原因很多。其一，两种情况下要遵循的许多原则是一样的，这一点无须重述。其二，专业方面的训练发生在——或者应该发生在——学生课程的更高阶段，学生将有更容易的材料可供利用。但首要原因无疑是，专业学习通常是学生对

━━━━━━━━━

① 珀金·沃贝克（约1474—1499年）：英国王位的觊觎者，自称为约克公爵什鲁斯伯里的理查、爱德华四世的次子。沃贝克拥有一些追随者，并在英格兰之外获得了支持，他成了新建立的都铎王朝的重大威胁。在位国王亨利七世则宣称沃贝克是冒名顶替者。沃贝克在小股军队的支持下曾多次在英格兰登陆，但遭到了国王部下的强烈抵抗。1497年，沃贝克在汉普郡投降，并于1499年被处决。（如无特别标注，书内注释均为译者注，此后不再一一说明。）

特定兴趣领域的学习。他学习这门课，是因为他想了解它。这就使得一切都变得不同了。通识文化课程是为促进思想活动而设计的，专业课程则利用这种活动。但是，也不必过于强调这些截然对立。正如我们已经看到的，学生在通识课程中会产生专业方面的兴趣；相似地，在专业学习方面，学科之间的外在联系也会拓展学生的思维。

此外，没有哪门课程的学习是只传授通识文化，而另一门课程则只提供专业知识。一方面，为通识教育所设计的科目，都是学生需要特别学习的专门科目；另一方面，激励一般精神活动的方式之一，便是培养学生的专门爱好。你不能把学习这件无缝天衣从中间分开。教育所要传授的，是对思想的力量、思想的美妙、思想的结构的切身体察，以及对与知识拥有者的生活存在特别关联的特定知识体系的切身体察。

对思想结构的体察是有教养的心灵的一个表现，而这种心灵只能在专业学习的影响下成长起来。我的意思是说，既要有全局观念，又要看到一组思想与另一组思想之间的关系。只有专业学习才能让人领会普通思想的确切表述，领会这些表达出来的思想之间的关系，领会它们对于理解生活的帮助。一个经过如此训练的大脑应该具备更抽象和更具体的思维能力。它所受到的训练，既有对抽象思想的理解，也有对事实的分析。

最后，我们应该培养出在所有的精神品质中最为朴素的一种品质；我指的是对风格的感知。它是一种审美意识，基于对直接实现预见目标的欣赏，简洁，直截了当。艺术风格、文学风格、科学风格、逻辑风格以及实践风格，都在根本上具有同样的美学品质，即实现与约束。热爱一门科目，以及因为一门科目本身的原因而热爱它，这并不是在精神大船的后甲板上昏昏欲睡地踱步那样一种乐趣，而是在学习中彰显出来的对风格的热爱。

我们在这里的讨论，又回到了开篇中谈到的教育的功用问题。风格，在其最佳意义上，就是受过教育的心灵最终所获得的品质；它也是最有用的东西。风格无处不在。具有风格的管理者憎恨浪费，具有风格的工程师节约原材料，具有风格的工匠偏爱好的作品。风格是心灵的至高美德。

但是，在风格之上，在知识之上，还有更高的东西，它是无形的，就像凌驾于希腊众神之上的命运。这种东西就是力量。风格是力量的使用方式，是对力量的约束。但是，达成期望目标的力量终究是根本性的。首要的事是实现目标。不要为自己的风格所困扰，只管解决你的问题，去证实上帝给予人类的方法是正确的，去履行你的职责，或者去做你面临的其他事情。

那么，风格在什么地方起作用呢？在这里：有了风格，目标达成了，没留下细枝末节的问题，没有引起不良后果；有了风格，你实现了自己的目标，而不是其他东西；有了风格，你的行为效果是可预测的，而预见力是神赐予人类的最后的天赋；有了风格，你的力量增长了，因为你的心灵不再被无关的事物分散注意力，你更有可能实现你的目标。风格是专家独享的特权。有谁听说过一个业余画家具有风格，或者一个业余诗人具有风格呢？风格总是专业学习的产物，是专门研究对文化的特殊贡献。

英国的教育，在目前这个阶段缺乏明确的目标，并且受到了外部机构或机制的影响，这个机制扼杀了教育的活力。到目前为止，我始终在思考那些应对教育起决定性作用的教育目标。在这方面，英国被困在两种观点之中。它还没有确定是要培养业余人员还是专家。19世纪给世界带来的深刻变化是，知识的增长给我们带来了预见能力。业余人员本质上具有欣赏能力，在掌握既定的常规工作方面具有极大的灵活性。但是他们无法从专门知识中发展出预见能力。我这次演讲的目的，是想提出如何培养专家的建议，而这种专家又要兼有业余爱好者的基本优点。我们的中学教育机制，在应当富有弹性的地方僵化刻板，在应当严格的地方却又是松懈的。每所学校都必须训练学生去应付一小部分明确限定的考试，否则就会被淘汰。没有哪个校长能腾出手来，按照学校的机遇去发展通识教育或专业学习，这些机遇是由学校的教职工、环境、学生，以及获得的捐赠共同营造出来的。我认为，校外考试制度的目标基本是考查学生个体，这种制度除了造成教育浪费之外别无效果。

应当接受这种考查的主要是学校而不是学生。每个学校都应该根据其课程来授予毕业证书。这些学校的教学标准应当接受抽查和修正。但是，教育改革的首要条件是，把学校作为一个教育单位，学校应有被核准开设的课程，而这些课程是基于学校自身的需要并由教师逐渐发展出来的。如果我们不能保证这一点，我们就会从一种形式主义陷入另一种形式主义，从一堆惰性思想陷入另一堆惰性思想。

在任何能够保障效率的国家制度中，学校是真正的教育单位，为了阐明这一点，我曾设想过一种制度，以替代现有的针对学生个体的校外考试制度。但是，在希腊神话中，每个斯库拉（Scylla）都会遭遇其卡律布迪斯（Charybdis）①——或者，用更通俗的话来说，就是每条路的两边都有沟渠。如果我们落入一个监管部门之手，而这个监管部门又以为它可以把所有的学校划分为两个或三个僵化的类别，并强迫每个类别的学校采用僵化的课

---

① 斯库拉和卡律布迪斯：均是希腊神话中的海怪，它们生活在一条狭窄海峡的两侧。水手们在经过海峡时，试图避开其中一个，就会碰到另一个。英语中有习语"在斯库拉和卡律布迪斯之间"，意指被迫在两种相似的危险情况之间做出选择。

程，这对于教育来说同样是致命的。当我说学校是一个教育单位时，我确切想说的是，没有比它更大或更小的教育单位了。每个学校都必须有权考虑其自身的特别情况。为了某些目的，对学校进行分类是必要的。但是，那些完全僵死、没有经过教师调整的课程，是绝不允许在学校开设的。同样的原则经过适当的调整，也适用于大学和技术院校。

当从深度和广度上来考虑教育一个国家的青年这一问题的重要性时，由轻率懒惰引起的问题——被毁坏的生命，受挫的希望，全国性的失败——我们就很难抑制自己内心的愤怒。在现代生活条件下，一个民族如若不重视培养才智，将注定被淘汰，这一原则是绝对的。能够改变命运的，不是英雄行为，不是社交魅力，不是你的智力，也不是你在陆地和海上所取得的胜利。今天，我们尚可维持自身的地位；明天，科学将向前迈进一步，那时，未受教育者在面对命运判决时，将呼告无门。

令我们感到满意的，正是关于教育理想的古老概括——这种概括自我们文明的黎明时期起，在任何时候都是通行的。这一概括就是：教育的本质在于其宗教性。

那么，什么是宗教性的教育？

宗教性的教育是谆谆教导我们要有责任感和敬畏感的教育。责任感产生于我们对事物发展过程的潜在控制。我们获得的知识可以改变事态，而无知则会犯下恶行。敬畏感则基于这样一种认识，即现在本身包含着全部的存在，包含了过去和未来的所有时间广度，这就是永恒。

第

2

章

教育的节奏

我用"教育的节奏"这个概念是想表示一个特定的原则，在实际应用中，有教育经验的人都知道这个原则。因此，当我记起我是在对英国一流的教育家讲话时，我并不期望自己能说出一些新鲜的内容。然而，我确实认为，当考虑到应当指导该原则应用的所有因素时，我们还没有对这个原则进行充分的讨论。

　　我首先想找到最朴素的话来陈述我所说的"教育的节奏"的意思，即以最显而易见的话把我这篇演讲中的观点呈现出来。这个原则是这样的：学生应当根据他们脑力发展的不同阶段，去学习不同的科目和采用不同的学习方式。你们会赞同我的观点，说这不过是老生常谈罢了，从来没有人怀疑过，每个人都知道。我确实急着想要强调一下我演讲的基本思想的显著特征。一个原因是，因为这里的听众当然会自己找到答案；另一个原因是，我选择这个话题来演说，是因为我认为在教育实践中，人们在对待这个明显的真理时，还没有对学生的心理给予应有的关注。

幼儿期的任务

首先，我想质疑一些原则的恰当性，我们学习科目的顺序通常就是根据这些原则进行分类的。我的意思是说，只有当这些原则被阐释明白了，它们才能为人们所接受。我们先讨论一下关于科目难度的标准。将容易的科目放在困难的科目之前，这是不正确的。相反，有些最难的科目必须先学习，因为人的本性就是如此，也因为它们对生活来说是必不可少的。婴儿首先要面对的智力任务是学会说话。他们要把声音和意义关联在一起，这是多么困难的一项任务！我们都知道婴儿可以做到这一点，他们成就的奇迹是可以解释的。所有的奇迹都是如此，即便是对于智者来说，这也是奇迹。我把这个例子摆出来，是想请求大家别再胡说什么要把难的科目推后的话了。

婴儿学会说话之后，下一个任务是什么？是学会书写语言，也就是说，把声音和字形结合起来。天啊！我们的教育家们有没有发疯？他们给牙牙学语的 6 岁孩子设置的任务，或许会让耕耘一生的圣人都感到畏缩。还有，数学里面最难的任务是关于代数原理的学习，然而对这个部分的学习必须放到相对简单一些的微积分之前。

我就不继续详细解释我的观点了。我只想在形式上重申一下，把难的科目推后并不是探索教育实践迷宫的可靠做法。

关于科目间的先后顺序，可供选择的原则是：必要性优先原则。在这个方面，我们显然有比较稳固的基础。在学会阅读之前，你是不可能去欣赏《哈姆雷特》的；同样，关于整数的学习必须在分数之前。不过，即使是这一牢不可破的原则也禁不住详细考察。它当然是正确的，但只有当你给所学科目的概念加上人为的限定时，它才是正确的。这一原则的危险之处在于，它在某种意义上被接受，几乎成了一个必然真理；而在另一种意义上被应用，却是错误的。你要先学会阅读，才能去读荷马；但是许多孩子以及过去的许多成人，都曾在母亲的讲述或在一些游吟诗人的帮助下，跟随奥德修斯一起完成了海上的传奇之旅。不加批判地运用必要性优先原则，把某些科目置于其他科目之前，会在教育上产生如撒哈拉沙漠一样了无生气的结果。

智力发展的各阶段

这次演讲我选择"教育的节奏"这个题目，还在于要批判另一种流行的观念。这种观念经常设想，学生的进步是一个始终如一的稳定的发展过程，不会随着教育模式的变化或教育进度的变化而改变。比如，人们设想，一个孩子应当在 10 岁的时候开始学习拉丁语，然后经过稳定、一贯的进步，他会在 18 岁或 20 岁时发展成一个古典学者。我坚持认为，这一教育观念基于对智力发展过程错误的心理学认知，它严重妨碍了我们教育方法的有效性。生命本质上是周期性的。它包含每日的周期，其中有工作和娱乐、活动和睡眠的交替；也包含季节性的周期，它规定我们的学期和假期；而且它还包含明显的年度周期。这些是总体上的明显周期，任何人都不能忽视它们。智力发展还存在一些更加微妙的周期，它们会循环往复地出现，不过在我们从一个周期过渡到另一个周期的过程中，它们总是各不相同的，尽管在每个周期中从属阶段都会再现。这就是为什么我选择"节奏"这个词，其基本意思是指以重复的框架来传达差异。教育之所以会出现僵化与无益的做法，一个主要的原因便是对智力发展的节奏和特性缺乏关注。我认为黑格尔是对的，他把进步划分为三个阶段——他分别称为正（thesis）、反（antithesis）和合（synthesis）①；不过，对于把他的观念应用到教育理论中这个目标而言，我认为他所使用的名称并没起到很好的提示作用。对于智力发展，我想把这三个

---

① 黑格尔辩证法中关于思想或命题发展的三个阶段，也可称为"正题""反题"和"合题"。"正"是一个论题的正面陈述；"反"是与该论题的矛盾或对其的否定；"合"即综合，是指解决了该论题与其对立面之间的冲突后得到的论题。

阶段命名为浪漫（romance）阶段、精确（precision）阶段以及普遍化（generalisation）阶段。

浪漫阶段

浪漫阶段是最初领悟的阶段。这个智力发展阶段的主题具有新奇的活力，其本身也包含着种种未经探索的可能联系，以及那些若隐若现的丰富内容。在这个阶段，知识并不是由系统的程序决定的。这里提到的系统必须在特别情形中逐渐建立起来。此时我们处在对事实的直接认知中，只是偶尔对事实进行系统分析。从对单纯事实的认知，到开始领悟事实间未被探索的关系的意义，这会产生一种兴奋感，而浪漫的情感本质上就是这样一种兴奋。比如看《鲁滨逊漂流记》，鲁滨逊·克鲁索仅仅是一个人，沙滩仅仅是沙滩，脚印仅仅是脚印，而且岛屿也仅仅是岛屿，欧洲只是人们活动于其间的一个繁忙世界。但是，如果突然察觉到其中若隐若现的可能性，将克鲁索与沙滩、脚印，以及隔离于欧洲之外的孤岛联系起来，这之中便包含了浪漫认知的成分。我之所以用这个极端的例子来说明这一点，是为了让我的观点浅显易懂。但是，我们可以将其视作一个寓言，代表着心智发展循环的第一阶段。教育本质上必须按照心灵中已被激发的活动的次序来安排：

你不可能在真空中教育心灵。在我们的教育理念中，我们倾向于将教育界定为心智发展循环的第二阶段，即精确阶段。但是，如果不是误解了整个问题，我们不会如此限定我们的教育任务。我们要对大脑最初的萌动、精确知识的习得，以及随之而来的学习成果，都予以同等的关注。

精确阶段

精确阶段也代表了知识的一种增长。在这个阶段，知识之间的广泛关系让位于表述的精确性。这也是一个语法形成的阶段，包括语言的语法和科学原理。它使学生一点点地接受分析事实的既定方法。新的事实被添加进来，但是它们也适合该分析方法。

显然，如果没有前一个浪漫阶段，精确阶段将是贫瘠的：除非已经具备一些在广泛而普遍意义上被模糊理解了的事实，否则先前的分析就算不上是分析。它只是关于纯粹事实的一系列毫无意义的陈述，而这些事实是人为产生的，没有任何深层的关联。我想重申一点，在这个阶段，我们不能仅停留在浪漫阶段所得出的那些事实的范围之中。浪漫阶段的那些事实已经揭示出可能具有广泛意义的种种观念，在精确阶段我们又以一种系统化的顺序获取其他事实，从而对浪漫阶段的一般性内容形成了一种揭示和分析。

普遍化阶段

最后的普遍化阶段即是黑格尔所说的合。它是对浪漫的回归，不过增加了分类的概念及相关技巧。这个成就也是精确性训练一直追求的目标。这是最后的成功。我恐怕不得不对一些显而易见的概念进行枯燥的分析。这样做是必要的，因为我随后的评论，是以我们心中已经清楚这三个阶段循环的基本特征为前提的。

循环过程

教育应当由这些不断重复的循环构成。在小的层面上，每一节课都应当形成一个漩涡循环，导向其自身的下一个过程。较长的周期应该导向确定的成就，然后这些成就又形成新循环的起点。我们应当抛弃教育有一个神秘而遥远的终点这样的观念。如果教师能成功地满足学生对节奏的渴望，并对学生的成功予以适当的激励，学生就会不断地享受到一些成就感，并开始新的学习。

幼儿最初的浪漫阶段，始于他意识到自己可以理解物体以及物体间的关联。幼儿心智成长的外在形式表现为，将自身的认知与身体活动协调起来。他最初的精确阶段是掌握口语这种工具，对自己关注的物体进行分类，以及强化他对与他人情感关系的理解。婴儿最初的普遍化阶段，便是运用语言去表达对物体的分类，并在这一过程中产生认知提升的欣喜感。

　　智力发展的第一个循环是从感知的获得到语言的习得，再从语言的习得到获得分类的思维和更敏锐的感知，这一过程值得更加细致的研究。这一发展的循环也是我们唯一能够在它纯自然状态下观察到的循环。之后的循环必然会带上现行教育模式的印记。在这个循环中，有一个特性在随后的教育中经常可悲地缺失了，我指的是，它获得了完全的成功这一点。在这个循环的收尾阶段，孩子学会了说话，他的观念完成了分门别类，他的感知能力敏锐起来了。这个循环达成了其目标。这一成就是了不起的，比运用于多数学生身上的大多教育体制能达到的成就要多得多。但是这一循环为什么会有如此的成就呢？当然，当我们想到一个新生婴儿所面临的任务的艰巨性时，他在心智发展方面似乎是最没有希望的。我想，原因在于自然——表现形式是婴儿周遭的环境——给他设置了一项恰好适合其大脑正常发展的任务。我认为，孩子学会说话，并因此可以更好地思考，这一过程中并没有什么特别神秘的东西。但是，它的确为我们的反思提供了精神食粮。

在随后的教育中，我们并没有去寻求类似的循环发展，即在有限的时间内自然地发展，并在自身所限定的范围内获得完全的成功。在婴儿期的自然循环中，这种成功是其中的一个显著特征。之后，我们会教给孩子一些科目，让他 10 岁的时候学说拉丁语，并希望通过统一的正规训练，使他在 20 岁的时候获得成功。这样的结果自然是失败的，无论是就其兴趣的发展，还是就其成就而言，都是如此。我所说的"失败"，是相较于第一个自然循环中那完全的成功而言的。我并不认为，这是因为我们设置的任务本身太难了，婴儿期的那个循环才是最难的。原因在于，我们的任务是以一种不自然的方式设置的，没有考虑节奏，没有对阶段性成功的激励，也没有专心致志。

我之前还没有谈及专心致志这种品格，它与幼儿的成长有着显著的关联。幼儿全身心地投入他自身的循环周期练习中，没有什么事情可以干扰他的智力发展。就这个方面而言，幼儿期的自然循环与随后学生阶段的发展存在着显著的不同。很显然，幼儿的生活是很不同的，其心智和大脑自然地发展，以适应这个他们投身其中的多彩世界。而且，在考虑到这种专注力之后，聪明的做法便是在随后的每个循环中维持一定程度的专注力。尤其值得注意的是，在同一个循环阶段，我们应该避免不同科目间的竞争。

旧式教育的错误，就在于对无差异的单一科目给予无节奏的专注。我们的现代教育制度坚持的则是一种初步的通识教育，允许把知识分解到不同科目，这相当于是将一些零散的知识碎片毫无节奏地累积在一起。我呼吁，我们要努力在学生的大脑中编织出一种和谐的模式，把教学中对学生的直接理解有内在价值的不同内容，调整到各自所隶属的循环周期中去。我们必须在适当的季节去收获合适的作物。

青春期的浪漫

现在我们可以讨论一下，我前面的演讲中发展出来的观念有哪些具体的应用。

在最初的婴儿期循环之后，便是青春期的循环，它开启的是我们所经历过的最浪漫的阶段。正是在这个阶段，儿童的性格开始形成。孩子如何度过青春期的浪漫阶段，也意味着他将如何以理想去塑造后来的生活，如何以想象力去为其增光添彩。紧接着，随着口语和阅读能力的获得，普遍化的能力开始产生。在婴儿期，普遍化阶段相对短暂，因为这一时期所拥有的浪漫元素实在是很贫乏。从"知识"一词发展出来的意义上看，关于世界的最初知识实际上是在第一个循环完成之后才真正开始的，然后就开启了这个精彩的浪漫阶段。观念、事实、关系、故事、历史、可能性以及艺术性，这些以词语、声音、形状、色彩等形式，一齐涌入孩子的生活，唤起他的感情，激发他的欣赏力，刺激他进行相关的活动。令人悲哀的是，这个黄金阶段却要时常笼罩在应付考试的阴影之下。我所说的这个时期大概有四年，大体而言，通常是自8岁至12岁或13岁这一阶段。这也是孩子开始运用母语、发展观察和处理问题能力的伟大阶段。婴儿不具有操控能力，但儿童具有；婴儿不会观察，但儿童可以；婴儿不会通过回忆词语来保留思想，但儿童却会。因此，儿童进入了一个全新的世界。

当然，在这个伟大的浪漫阶段中，有一些小循环形成的旋涡，精确阶段将在这些小循环中反复出现，并延续一段时间。写作、拼写和算术能力，简单事实的罗列，比如列举英国的历代国王，这些能力的完善都属于精确阶段的内容。这些能力对专注力的训练和获得有用的学识都很有必要。不过，这些内容就性质而言，本质上都是碎片化的，而伟大的浪漫阶段则如洪水一般，将儿童引向精神生活的领地。

蒙台梭利教育法的成功，是由于它认识到了浪漫在这个成长时期的决定性作用。如果这一解释成立的话，它也指出了这种方法在实际效用上的局限性。对所有的浪漫阶段来说，这种教育方法在一定程度上都是必不可少的。它的精髓在于增加阅历，并鼓励充满活力的新鲜感。但是它缺乏约束，而约束对于精确这一伟大阶段而言则是必要的。

语言的掌握

随着儿童接近伟大的浪漫阶段的尾声，成长的周期性过程使其逐渐倾向于获得精确知识。此时语言自然地成了他专注的主题。这正是他完全熟悉的表达方式。他知晓反映了其他人和其他文明的生活的故事、历史和诗歌。因此，从 11 岁开始，他对于精确使用语言的需要便逐渐增长。最后，12 岁至 15 岁的三年时间应该是主攻语言的时期，按照这样的计划，就可以得到一个确定的结果，这个结果本身也是值得的。我猜想，在这有限的时间内，再考虑到有足够的专注力，我们可以期望，孩子们在这一时期结束时应当已经掌握英语，能够自如地阅读比较简单的法语，并且已经完成拉丁语初级阶段的学习。我指的是，拉丁语法中比较简单的精确知识，拉丁句法结构的知识，阅读合适的拉丁语作者的一部分文章，或许是简化版，并且大多附有最好的文学译文作为辅助，他们如此阅读原著加译本，可以使他们将该著作当作一部完整的文学作品去把握。我认为，对于一般的孩子来说，在这三门语言上达到这种程度是比较容易的，如果他没有被关于精确的其他花样繁多的科目分散注意力的话。某些更具天赋的孩子也可以走得更远一些。拉丁文对他们来说会容易一些，因此在这一时期结束之前，他们就可以开始希腊语的学习，这也假定了他们的天赋是在文学方面，而且他们以后有意继续学习至少几年。其他科目在这个时间表上只占据次要位置，我们将以不同的精神去对待它们。首先，我们必须记住，那些半文学性的科目，比如历史，将主要在语言的学习中体现。如果学生不掌握一些欧洲历史知识，将很难去阅读英语、法语及拉丁语的文学作品。我并不是说，所有专门历史的教学都应该被放弃。然而，我确实建议，历史这一科目应当以我所称的"浪漫精神"来展现，学生们不应该为了考试去精确记忆大量的系统的细节知识。

在成长的这个时期，科学应当处于浪漫阶段。学生们应该自己去观察，去实验，只须具备零星的精确思想即可。科学的重要性，不管是出于理论兴趣还是出于技术目的，其本质在于将科学应用到具体的细节中，并且每次应用都会激发出一个新的研究问题。因此，所有的科学训练都应当以研究开始，以研究结束，在自然发生的过程中掌握其中的主题。适合于这个年纪的确切的指导方式，以及实验的局限性，这些问题都取决于经验。但是我认为，这个时期是发展科学的浪漫阶段的真正黄金时期。

对科学的专注

当孩子到 15 岁时，语言的精确阶段及科学的浪漫阶段都接近尾声，接下来是语言的普遍化阶段和科学的精确阶段。这个阶段很短，却是至关重要的。我想这个阶段大概有一年左右的时间，我建议此时要果断地更改之前的课程结构。这个时期应当聚焦于科学，明确减少语言方面的课程。随着之前浪漫阶段的学习达到巅峰，再学习一年的科学，这应当能使每个学生都理解决定力学、物理学、化学、代数和几何等学科发展的主要原理。理解这些，并不意味着开始学习这些科目，而是通过对主要思想的精确表述，把之前散乱的学习内容整合起来。我以代数和几何这两门我稍微熟悉一些的科目为例。在之前三年的学习中，学生们已经学习了用最简单的代数公式和几何原理来解决测量问题，或是其他涉及计算的科学工作。通过强调确切的数值结果，学生们的算术能力以这种方式得到了很好的强化，他们也熟悉了字母公式和几何命题的概念，学到了一些简单的处理问题的方法。因此，学生们就不必浪费很长时间去习惯那些科学概念。学生们已经准备好去学习他们应该完全掌握的少量代数和几何原理了。此外，在之前的时期，一些孩子已经展现出一定的数学天赋，他们应当继续向前多学一些内容，另外还可以在最后一年中在一定程度上牺牲其他科目，侧重于数学。我在这里只是以数学为例来做个说明。

与此同时，语言学习的循环进入普遍化阶段。在这个阶段，对于语法和写作的精确学习暂时告一段落，语言学习限于阅读文学作品，侧重于其中的思想以及作品产生的一般历史背景；分配给历史科目的时间，也要逐渐转向精确学习某段短暂时期的历史。选择这些历史时期是为了阐明在一个重要的时期里具体发生了什么，也表明如何对人物和政策进行比较简单的评判。

至此，我已经勾勒了自婴儿阶段至大约 16 岁半这段时期的教育过程，这种安排注意到了生命的节奏律动。如此实现这样一种通识教育是可能的：学生在整个过程中始终具备专注力，对所学知识保有新鲜感。因此，精确理解总是去阐明那些已经被理解却又迫切需要彻底处理的主题。每个学生将会依次把注意力集中于各个不同的科目上，并将知道他的强项在哪里。最后——在所有有待达成的目标中，这是我心中最珍视的——爱好科学的学生既获得了宝贵的文学教育，也在最敏感的年纪早早养成了在科学领域内独立思考的习惯。

16 岁之后，新的问题出现了。对于文科学生来说，科学开始进入普遍化阶段，大部分是以讲座形式阐述科学的主要成果和一般概念。语言学、文学和历史等科目的新周期开始了。但是此时已不再需要学习更多的细节知识。对学习科学的人而言，前述的精确阶段仍在继续，直到中学时期结束，学生对更广泛的一般概念的理解也随之增长。

然而，在这个教育时期，问题都过于个性化，或者说，至少可以被分解为许多的个案，不能找到广泛的、普遍的解决办法。不过，我还是要建议，所有学习科学的学生此时应该继续学习法语，如果他们还没有学会德语，也应该开始德语的学习。

大学教育

如果你们还有耐心听我继续演讲的话，我现在还想谈谈如何将这些思想融入大学教育。

从婴儿到成年的整个成长时期形成了一个大的循环周期。其中，浪漫阶段贯穿了生命中最初的 12 年，精确阶段涵盖了整个中学教育时期，普遍化阶段则是迈入成年的时期。对于那些在中学教育时期之后继续接受正规教育的人来说，大学课程或与大学水平相当的课程，是普遍化阶段的重要组成部分。普遍化的精神应当在大学教育中占有主导地位。讲座是讲给那些熟悉细节和过程的人听的，也就是说，先前进行过的训练适合这些细节和过程，以至于它们容易被接受，至少在这一点上，学生是熟悉它们的。在中学教育阶段，学生们在心智上是伏案状态；到了大学，他们就应该站起来并环顾四周了。正因为如此，如果以旧的精神重温以前的知识来消磨大学第一年的话，那将是致命的错误。在中学里，学生们经过艰苦努力，学会了从特殊事例初步升华到一般概念；到了大学，他们应当从一般概念入手，去学习它们在具体事例中的应用。一门设计得当的大学课程便是对广泛的普遍性的学习。我并不是说，它应当是那种脱离具体事实意义上的抽象，而是说具体事实应当被用来阐明一般的概念。

智力的培养

智力的培养是大学教育的一个方面，在这里，理论兴趣和实际效用完全一致了。无论你向学生灌输什么细节知识，他在以后的生活中恰好遇到这个细节知识的机会是微乎其微的；即便他确实遇到，他大概也会忘记你教过他什么。真正有用的教育是让学生理解一些普遍原理，通过将它们应用到不同的具体细节中而获得透彻的理解。在随后的实践中，学生将忘记你所教的特殊的细节；但是他们会无意识地记住如何将原理应用到直接的情境中。除非你能丢掉课本，烧掉你的听课笔记，并忘记你为了考试而背诵的细枝末节的知识，否则你所学到的知识对你而言是无用的。你不断需要用到的细节知识，将会像太阳和月亮一样，作为显然

的事实存在于你的记忆中；而你偶然需要的细节知识将会在任何
参考书中查阅到。大学的作用是使你能够摆脱细节，转而寻求原
理。当我在这里说到"原理"时，我甚至不能用简单语言来精确
阐述。一个彻底渗透在你脑海里的原理与其说是一条正式的陈述，
不如说是一种思维习惯。它变成了大脑对适当刺激的一种反应方
式，而这些刺激具体表现为一些例证性的情况。在处理这些情况
时，没有人能够让知识清晰地、有意识地呈现在他的面前。智力
的培养只不过是大脑在应对某个活动时，能够以一种令人满意的
方式运转而已。学习经常被简单地说成是：仿佛我们正看着我们
曾读过的所有的书，看着那敞开的书页，然后，当时机需要时，
我们选择正确的那一页，对着世界大声地读出来。

幸运的是，事实与这种粗疏的想法大相径庭；正因为如此，
纯粹知识和专业知识之间的对立，应该远没有错误的教育观点所
带给我们的预期那么严重。我可以用另外的方式把自己的观点表
述出来：大学的理想不在于知识，而在于力量。大学的职责是把
一个孩子的知识转变为一个成人的力量。

成长的节奏特征

我将以两句评论来进行总结，我希望以这种提醒的方式来解

释一下我的意思。这篇演讲的观点是成长的节奏特征。人内心的精神生活好比是一张网，由许多条线所组成。这些线并不是同时向前统一地延伸。我曾试图以下面的事实来说明这一点：一个只具备中等平均能力的孩子，在某种良好的环境中，其能力可以获得正常的发展。或许我曲解了这一平常现象。我很可能是相当失败的，因为要证明这一点是复杂且困难的。但是，不要让任何这方面的失败使你们对我在这里强调的主要观点产生偏见。我的观点是，智力发展自身呈现出一种节奏，其中包含多个相互交织的循环，整个过程则由一个更大的循环控制，这个大循环与其中的小循环具有同样的普遍特征。此外，这种节奏展现出特定的可探究的普遍规律，这些规律对于大多数学生来说都是有效的。我们应该据此改进教学品质，以适应学生在这个发展节奏中所达到的阶段。课程的问题主要还不是科目的连续性问题，因为所有的科目实质上都应该在智力发展的初始阶段开始。真正重要的顺序是教育特质的顺序，而教育特质则是教育过程应该呈现出来的内容。

我的第二个提醒是，请你们不要夸大一个循环周期中三个阶段之间的差别。我非常怀疑，当你们听我详细说到每一个循环中所包含的三个阶段时，你们中有许多人会对自己说，做如此正式的分类，这多么像一个数学家啊！我向你们保证，不是数学才能的不足，而是文学才能的不足，可能让我犯了我告诫你们要警惕的错误。当然，我的意思是说，侧重点的差别，主要特质的差别——浪漫、精确和普遍化，都是始终存在的。但是，它们交替占据主导地位，正是这种交替构成了各个循环周期。

第 3 章

Chapter

自由和纪律
的节奏

理想光芒的褪色，是人类的努力被挫败的可悲证明。在古代的学校里，哲学家们渴望传授智慧，而在现代的大学里，我们卑微的目标则是教授科目。古人追求神圣的智慧，而现代人则沦落到从各个科目的教科书上获得知识，这显示了教育的失败，并且这失败将一代代地持续下去。我并不坚持认为，古人的教育实践比我们的成功。你只要去读读卢奇安（Lucian）① 的作品，去注意一下他以哲学家们自命不凡的主张为基础改编而成的讽刺剧，就可以看到，在这方面古人没有什么可以向我们夸耀的优势。我的观点是，在我们欧洲文明的开端，人们怀抱着完美的理想，这些理想应该给我们的教育以启示，而我们的理想却逐渐随着我们的实践陷入平庸。

---

① 卢奇安：古希腊讽刺作家、修辞学家。他以独特的诙谐风格而闻名，经常嘲笑迷信、宗教习俗和对超自然现象的信仰，著有《一个真实的故事》《谎言的情人》《众神的对话》等。

然而，当理想降低到实践的水平，结果便是停滞不前。尤其是，只要我们认为智力教育仅仅是获得机械的心智能力、获得关于有用事实的明确表述，那么教育就不可能有进步。尽管在无目的地重新安排教学大纲的过程中还有许多活动，但这是徒劳的努力，目的是试着规避那不可避免的时间缺乏问题。我们必须接受这个无可回避的事实：上帝如此创造了世界，还有许多值得追求的知识，这远非一个人可能获得的。通过罗列每个人应该掌握的科目，是没有希望解决这一问题的。科目太多了，所有的科目都有其存在的充分理由。或许，这种知识材料的过剩是一件幸运的事；因为我们对许多重要事实的愉悦的无知，让这个世界变得更有趣了。我渴望你们铭记的是，尽管智力教育的一个主要目标是知识，但除此之外它还有另一个要素，更为模糊但却更为伟大，就其价值而言也更为重要，古人把它称为"智慧"。没有一些知识基础，你就不可能有智慧的；但是你有可能轻易获得知识，却缺乏智慧。

智慧是掌握知识的方式。它关系到对知识的处理，根据相关问题的决定因素选择知识，以及将知识运用到我们的直接经验中以创造价值。对于知识的这种掌握便是智慧，是我们可以获得的最不可侵犯的自由。古人看得很清楚——比我们看得要清楚——有必要以智慧来统御知识。但是，他们在实际的教育领域中追求智慧时，犯下了可悲的错误。为简化这一问题，他们的普遍做法是假定智慧是可以这样来传授的：通过请哲学家向年轻人滔滔不绝地讲演。因此，在那时的学校里，哲学家们的名声并不好。通向智慧的唯一大道，是自由地面对知识。但是，通向知识的唯一大道就是以严谨的纪律去获得有序的知识。自由和纪律是教育的两个基本要素，因此，我今天演讲的题目是"自由和纪律的节奏"。

在教育中，自由和纪律这两个概念之间的对立，其实并不像我们对这两个词进行逻辑分析时所想象的那样尖锐。学生的大脑是一个不断成长的有机体。一方面，它并不是一个盒子，可以无情地塞满不相容的思想；另一方面，有序地获得知识为智力发展提供了天然的养料。因此，纪律应当是自由选择的自愿问题，而自由，因为纪律，应当获得丰富的可能性，这才应该是由理想构建出来的教育所追求的目标。自由和纪律，这两个原则并不是对立的，而是应当在孩子的生命中不断地进行调整，使它们能够符合孩子个性发展的自然节奏。让自由和纪律适合孩子个性发展的自然节奏，这正是我之前所称的"教育的节奏"。我坚信，在过去的教育中之所以有许多令人失望的失败，都是由于忽视了这种节奏的重要性。我的主要观点是，教育在开端和结尾阶段的主基调都是自由，但是其中有一个以纪律为主、以自由为辅的中间阶段。而且，并不存在唯一的"自由—纪律—自由"的三重循环；整个心智发展都包含了这样的循环，以及由这些循环所组成的循环。这样的循环可以看成是一个单独的细胞或一块砖，心智成长的整个阶段便是由这样的细胞所构成的一个有机体组织。在分析这样的细胞时，我把第一个自由时期称为"浪漫阶段"，把中间的纪律时期称为"精确阶段"，并把最后一个自由时期称为"普遍化阶段"。

现在，让我来更详细地解释一下我的观点。没有兴趣就不可能有心智的发展。兴趣是专注和理解的必要条件（sine qua non）。你可以拿教鞭来努力激发学生的兴趣，或者通过令人愉快的活动来诱发兴趣。但是，没有兴趣就没有进步。激发生命有机体适当地自我成长，其自然方式是通过兴趣。婴儿因为爱母亲和护士，而被诱导着去适应环境；我们吃饭，是因为我们喜欢美味的食物；我们征服大自然的力量，是因为我们被诱导着以永不满足的好奇心去发现；我们喜欢锻炼；我们憎恨危险的敌人，而且我们享受这一非宗教性的激情。毋庸置疑，痛苦只是激发一个有机体去行动的次要方式。但是，它只是在快乐无法实现时才会发生。快乐才是激发生命力（élan vital）正常而健康的方式。我不是在强调我们可以安心地放弃自我，沉溺于即时享乐的诱惑之中。我真正想说的是，我们应该循着孩子自然发展的规律，去安排其性格的发展，这种自然发展本身是快乐的。居于次要地位的严格的纪律，必须以确保某些长期的利益为导向；不过，如果要保持必要的兴趣，必须有个合适的不能太低的目标。

我想说的第二个基本观点是，空洞的知识是无足轻重的，实际上还是有害的。知识的重要性在于运用，在于我们对知识的积极掌握，也就是说，在于智慧。人们习惯只提及纯粹的知识，而不谈智慧，认为知识本身赋予了知识的持有者一种特别的尊贵。我不认为知识有这样的尊贵。这一切全取决于谁拥有知识，以及他用知识来做什么。能够增进品格的知识，可以用来改变每个阶段的直接经验。考虑到知识的活跃性，教育上有过多的纪律要求是很有害的。活跃的有创新性的思维习惯只能从充分的自由中产生。不加区分的纪律要求会让心灵变得迟钝，从而毁掉其自身的目标。如果你与那些刚走出中学或大学校门的年轻人打交道比较多，你很快就会注意到，那些心灵迟钝的人所受的教育就是获取惰性的知识。英国社会在学习方面的糟糕气氛，也是我们教育失败的一个原因。此外，这种急于传授纯粹知识的行为却适得其反。人类的大脑拒绝接受以这种方式传授的知识。年轻人天生渴望发展，渴望活力，却被枯燥乏味、用纪律强加的知识弄得厌烦了。当纪律出现时，它应当满足人们对智慧的自然渴求，因为智慧给单纯的经验增添了价值。

　　但现在让我们进一步考察人类智力的这些自然渴求的节奏。在一个新的环境中，在思想和经验的洪流中，人的大脑首先做出的反应是在大量的思想和经验中进行某种讨论性的活动。这是一个发现的过程，一个熟悉新奇思想、形成疑问、寻求解答、构想新的经验、注意新的冒险产生了什么样的结果的过程。这个一般化的过程既自然又非常引人入胜。我们一定经常注意到，8 岁至13 岁的孩子会沉浸在他内心的激动中。这是由好奇心主宰的，要是哪个蠢人破坏了这种好奇心，就应该受到诅咒。毫无疑问，这个发展阶段需要帮助，甚至需要纪律。心灵运转的环境必须细心选择。当然，必须选择那些适合孩子成长阶段的环境，必须适合个体的需要。在某种意义上，它是一种来自外部的强加要求；但是在更深层的意义上，它回应了孩子内在生命的呼唤。在教师的意识中，送孩子望远镜是为了观察星星；而在孩子的意识中，自己被赋予了进入璀璨星空的自由之路。除非在某些地方对外部施加的惯例进行改造，无论多么隐晦，无论孩子多么愚钝，否则孩子的天性将拒绝吸收陌生的知识材料。永远不要忘了，教育不是把物品装进旅行箱那样的过程。这样的比喻完全不适用。理所当然，教育过程完全有其自身的特别属性。与它最接近的类比是生物有机体吸收食物的过程。我们都知道，在适当的条件下，美味的食物对于健康是多么必要。如果你把靴子放进箱子里，它们一直会留在那里，直到你再次把它们拿出来为止；但是，如果你给一个孩子喂错了食物，情形就根本不同了。

这个最初的浪漫阶段需要另一种方式的引导。毕竟孩子是悠久文明的继承者，让他们徘徊在冰河时代的人类智慧的迷宫中是荒唐的。因此，确定地指出重要的事实、简化的观点和常见的名称，确实会加强学生学习的自然动力。无论是在教育的哪个阶段，你都不能没有纪律或自由；但是，在浪漫阶段，重点必须始终放在自由上，允许孩子自己去看，自己去做。我的观点是，在孩子心灵自然发展的浪漫阶段结束之前，就把精确阶段的纪律强加于他们，他们将不可避免地出现概念吸收方面的障碍。没有浪漫想象，理解力也就无从谈起。我坚定地相信，过去的教育中之所以有如此多的失败，都是由于我们对浪漫阶段应有的地位缺乏细致的研究。没有浪漫阶段的冒险，你至多只获得了没有创新性的惰性知识，而在最糟糕的情形下，你只获得了对创意的蔑视——而没有知识。

但是，当这个浪漫阶段得到了适当的引导，另一种渴求便产生了。孩子那种因缺乏经验而引发的新鲜感逐渐消失，有了以事实和理论为根基的一般性知识。而且，最重要的是，他们已经有了大量独立漫游的第一手经验，包括思想和行动上的冒险。他们现在可以理解从精确的知识中所获得的启迪了。这种启迪符合常识的显性要求，而且处理的也是熟悉的材料。现在是时候向前推进了，也是时候精确掌握某个科目，并记住它的显著特点了。这便是精确阶段。在传统的教育体制中，这个阶段被看作学习的唯一阶段，不论是在中小学校还是在大学。你必须学习你的科目，在教育这个主题上没有什么更多可以说的。过分拓展这样一个最为必要的发展阶段的结果，便是产生了大量的傻瓜，以及少数的学者——他们的自发兴趣在具有强大破坏力的车轮①的碾压下幸存了下来。确实一直存在这样的诱惑：要教给学生更多的事实和精确的理论，这往往超出了他们在这个阶段所能吸收的范围。只有他们可以吸收，才是有用的。我们——我指的是中小学校长和大学教师们——时常忘记，在一个孩子长大成人的教育过程中，我们只是次要的角色；忘记在黄金时期里，在后来的生活中，他们将要为自己而学习。成长过程不能匆忙，不能超越特定的非常狭窄的限制。但是，一个不熟练的从业医师可以轻易地毁掉一个敏感的有机体。尽管所有需要提醒的方面都已经被提及了，但还有一些方面需要努力，比如了解基本的细节知识和主要的准确概念，比如轻松掌握技巧。一个无可回避的事实是，材料都已经具备了，

----

① 原文为 the car of Juggernaut：Juggernaut 是印度教传统中的神灵，意为“宇宙之主”。在印度东部每年的节日庆典中，Juggernaut 会被安置在一辆车上游行。the car of Juggernaut 通常是指非常强大且不可阻挡的力量。

你要想在现代世界发挥作用，就必须掌握一定的最佳实践才能。要写诗，你必须学习韵律；要造桥，你必须了解材料的强度。甚至希伯来的先知都学习写作，或许当时的写作需要人们付出非同寻常的努力。未经教育而获得天赋技艺——用《祈祷书》(*Prayer Book*)中的话来说——是一件徒劳的事，是天真地虚构出来的。

在精确阶段，浪漫阶段退为背景。精确阶段是由一个无可回避的事实支配的，即需要去了解正确的方式、错误的方式和确切的真理。但是，浪漫阶段并未终止，教学艺术在将知识确切应用到指定任务的过程中，培养了这种浪漫。它必须被培养出来，因为浪漫毕竟是和谐智慧的一个必要构成因素，而和谐智慧则是我们要达成的目标。但是，还有另一个原因：除非生命有机体可以通过浪漫去保持鲜活的领悟力，否则它将不会去吸收教学的果实。真正关键的是在实践中发现自由和纪律之间的那种准确平衡，这种平衡将会让我们在认知事物时获得最大限度的进步。我不相信有什么抽象的准则可以应用到所有的科目，应用到所有类型的学生或每一个学生身上；除了我一直强调的关于节奏转换的准则，即在智力发展的早期阶段，要求将重点放在自由上，在随后的中间阶段，重点应当放在确切完成规定的学习任务上。我坦率地承认，如果浪漫阶段得到了适当的安排，那么第二个阶段的纪律问题就不那么明显了，孩子们知道如何去学习，想把事情做好，他们所做的每个细节也都可以让人放心。此外，我坚持认为，就纪律本身的重要性而言，唯一需要的纪律是自律，并且自律只能通过广泛地享有自由才能获得。不过——在教育方面，有如此多的微妙之处需要去考虑——在生活中，养成愉快地去承担被赋予的任务这种习惯也是必要的。如果这些任务符合学生在其发展阶段的自然渴求，如果它们能让学生全力以赴地发挥自己的能力，如果它们能达到一个明显合乎情理的结果，如果学生在做的过程中享有合理的自由，那么情况就相当令人满意了。

一位有技巧的教师如何让他的学生保持浪漫的活力，要讨论这一点是困难的，难点在于这描述起来需要很长时间，付诸实践的时间却很短。体验维吉尔的一段诗歌之美，可以通过朗读来呈现，不需要冗长的表达。强调一个数学论证之美，通过对一般问题的思考来揭示复杂的事实，是最快捷的过程。在这个阶段，教师的责任是巨大的。说实话，除了非常罕见的情形，比如教师有天赋，我认为，教师不可能使整个班级的学生沿着精确之路深入，又不挫伤他们的兴趣。这是一个不幸的两难困境：主动性和训练都是必要的，而训练往往会扼杀主动性。

但是，承认这一点并不意味着宽恕我们在寻求缓解这一困境的方法时的粗暴无知。之所以产生困境，不是因为理论上的必须，而是因为在对待每个个别的情形时，没有完美的方案可用。过去采用的方法扼杀了兴趣，我们正在讨论的是如何把这种罪恶降到最低限度。我只想提醒大家，教育是一个困难的问题，并不是一个简单的准则就可以解决的。

然而，在这一方面，有一个实际的问题被大大地忽视了。浪漫阶段，学生的兴趣领域很广泛，而且并不明确，很难以任何清晰的边界去圈定。它取决于偶然闪现的洞察力。但是，精确知识的范围在任何教育体系中都是确切的，可以也应当被明确地界定。如果把它限定得过于广泛，你会扼杀学生的兴趣，并毁掉你自己设定的目标；如果把它限定得过于狭窄，学生将难以有效地掌握知识。当然，在每种类型的课程中，每个科目需要掌握的精确知识，都要经过最严格的调查之后才能确定。这一点现在看起来似乎还没有被有效地实施过。比如，那些注定要从事科学研究的孩子——这些学生也是我很感兴趣的——他们在学习古典课程时，应当确切知道多少拉丁语词汇？他们应当掌握哪些语法规则和结构？为什么不能一劳永逸地确定这些内容，然后让学生专注于每一项练习，在记忆中留下深刻的印象，并理解拉丁语、法语和英语中的派生词和语法？然后，对于出现在阅读课文中的其他语法结构和词汇，可以用最简单的方式提供最充分的信息。在教育中，某种彻底的确定性是必要的。我确信，一个成功教师的秘诀在于，他在头脑中对学生要精确地掌握什么，都进行过非常清楚的思考。

然后，他就会不再敷衍了事，为让学生熟记许多不相关的、不太重要的东西而烦恼。成功的秘诀在于速度，而速度的秘诀在于专注。但是，就精确知识而言，成功的口号便是：速度，速度，速度。快速地获取知识，然后运用它。如果你可以运用知识，你就掌握了它。

现在，我们来到了这种节奏循环周期的第三个阶段，即普遍化阶段。这时会有一种对浪漫阶段的回归。这时，确定的东西已经掌握了，学习资质也已经获得了，并且一般性的规则和原理已经得到了清晰的理解，无论是其表述还是相应的详细例证。学生现在想要使用他的新武器了。他是一个有效的个体，他想要产生的是效果。他重返浪漫阶段的散漫冒险之中，但这时他的优势在于，他的大脑是受过纪律训练的而不是散乱的。从这个意义上来说，教育应当始于研究，并终于研究。毕竟，所有的教育都是为应对生活中的直接经验所做的准备，为了用相关的思想和适当的行动去应对每时每刻出现的情况。如果一种教育不是以激发主动性开始，以激励主动性结束，那么它一定是错误的。因为教育的全部目的即在于产生活跃的智慧。

根据我自己在几所大学工作的经验，我时常为学生思想的僵化感到震惊，这源于学生被诱导着去漫无目的地积累精确知识——呆板的、不加运用的知识。一个大学教授的主要目标应当是，展现他自己真实的品质，即作为一个无知者去思考，去积极地运用他那有限的知识。从某种意义上说，随着智慧的增长，知识是缩减的，因为细节知识被合并进了原理之中。在人生的每个爱好中，你都可以临时学到许多重要的知识细节，但是养成习惯去积极运用那些你透彻理解的原理，才算是最终拥有智慧。精确阶段便是通过获得精确的知识细节，进而逐渐领悟原理的阶段。普遍化阶段是摒弃细节、积极运用原理的阶段，细节知识则隐退到潜意识的习惯中。我们在自己的大脑中，不会明确记住如"2+2=4"这样的知识，尽管我们曾经不得不用心去记住它。我们信赖的是我们养成的基本算法习惯。但是，这个阶段的本质是从比较被动地接受训练，进入积极运用知识的自由状态。当然，在这一阶段中，精确知识将会增长，并且比以前任何时候都要更为活跃，因为大脑已经体验了确定的力量，并对获得普遍真理以及丰富的阐释有所回应。但是，知识的增长逐渐变为无意识的了，就如同是从思想的积极冒险中产生的插曲一样。

　　关于心智发展节奏的三个阶段，我们就讨论到这里。大体而言，教育的整个周期都是由这三重节奏主导的。浪漫阶段一直延续到 13 岁或 14 岁，14 岁至 18 岁是精确阶段，18 岁至 22 岁是普遍化阶段。但是，这些只是就一般情形而言，是把成长模式作为一个整体看待而得出的结论。我不认为，所有学生在所有的科目上都能同时完成这些阶段。比如，我可以说，当语言学习进入精确阶段开始接受词汇和语法时，科学应该还完全处于浪漫阶段。语言学习的浪漫阶段始于婴儿时期获得的语言能力，因此，它比较早地转向精确阶段；而科学学习则是后来才开始的。因此，在早期阶段给孩子精确地教授科学知识，会磨灭其创造性和兴趣，而且会摧毁孩子对科学内容的丰富性的理解。因此，在语言学习已经进入精确阶段之后，科学学习的浪漫阶段还应该再持续几年。

还有一些小的循环周期，其本身也包含了三重循环，每天、每周、每学期都循环往复着。对于有些主题而言，学生是先有模糊的一般化理解，再掌握相关的细节知识，最后根据相关知识将整个科目融合到一起。除非学生不断地受到兴趣的召唤，不断获得技能，享受成功的兴奋，否则他们永远不会进步，当然也将失去信心。总体而言，在过去的 30 年中，英国的中学向大学输送的是一批灰心丧气的年轻人，他们丧失了对任何知识都迸发热情的可能性。大学又助长了中学阶段的做法，加剧了学生的失败。因此，年轻人的快乐转向了其他主题，于是曾经教育发达的英国把思想拒之门外了。什么时候我们可以指出我们国家的一些伟大成就——我们希望这是除了战争之外的一些事情——是在我们学校的教室里，而不是在运动场上赢得的，那时我们就可以对我们的教育模式感到满意了。

到目前为止，我都是在讨论智力教育，而且我的论点都局限在很狭窄的范围里。毕竟，我们的学生是活生生的，不能被分割成像拼图一样的独立小块。在一个机械装置的生产过程中，装配的力量来自外部，把分散的部分拼接到一起。对于一个活生生的有机体来说，情形则大不相同，它靠自己的动力生长，走向自我发展。这种动力可以从有机体之外获得激励和引导，它也有可能被扼杀。但是，就所有的激励和引导而言，成长的创造性动力来自内部，而且带有每个个体的显著特征。教育引导个体理解生活的艺术；我用"生活的艺术"这个词，意思是指人在各种活动中取得的最完美成就，这些成就表现的是生命面对实际环境时所具备的潜能。这种完美的实现涉及一种艺术感，它使完整的个性中的低级潜能从属于高级潜能。科学、艺术、宗教和道德，都是从生命结构中的这种内在的价值感中升华而成的。每个个体都体现了生存的冒险。生活的艺术便是这种冒险的指南。人类文明上的伟大宗教，在其初始原则中，都反对将道德教诲作为一套孤立的禁律灌输给人们。道德，从狭义的消极方面来说，便是宗教的死敌。圣徒保罗（Paul）谴责律法，《福音书》激烈地反对法利赛人①那样的伪善者。每一次宗教冲突的爆发，都表现了同样强烈的对抗——当宗教衰落时，这种对抗也会衰减。就关注心智发展的节奏性规律并从其中获益而言，教育中没有哪一部分可以比得上道德教育和宗教教育。无论阐明宗教真理的正确方式是什么，对于宗教而言，坚持提前进入精确阶段便是死路一条。宗教精神在宗教教育的考验中存活下来，才能展现出宗教的生命力。

　　教育中的宗教问题范围太过宏阔，不在我的演讲范围之内。我提及它，是避免人们怀疑我在这里倡导的原则是狭义的。我们是从生命的高级阶段这一层面，来分析节奏性发展的一般规律的，包括最初的心智觉醒、训练，以及更高层面的实现。我现在坚持认为，发展的规律来自生命内部：发现是由我们自己完成的，纪律是自律，成果是我们自身主动性的结果。教师具有双重作用：一方面，他们以自己的人格魅力激发学生的共鸣与热情，并且为学生创造出追求更广阔的知识与树立更坚定的目标的环境。另一方面，他们存在的意义是避免学生荒废生命，而这种荒废在生存的低级阶段则是自然的进化方式。如同在科学、道德和宗教方面

---

① 法利赛人：犹太教的一个宗派，因在新约中被多次提及而闻名。在耶稣与法利赛人的辩论中，法利赛人扮演了耶稣的教导的对立面。耶稣谴责他们，不是因为他们做了什么，而是因为他们忽视了"律法中更重要的事：正义、怜悯和诚实"。

一样，教育最终的动力是对价值感和重要性的认识。它以各种形式的疑惑、好奇、敬畏、崇拜、强烈的愿望，将个性融入自身之外的事物中。这种价值感赋予了生活不可思议的力量，生命一旦脱离它，就会堕入消极的低级层次中。这种力量最深刻的表现便是美感，是对已实现的完美状态的美感意识。这个想法不禁让我发问，在我们的现代教育中，我们是否充分强调了艺术的作用？

在我们的公立学校中，典型的教育是为那些来自富裕、有教养的家庭的男孩们设计的。他们去意大利、希腊和法国旅行，他们的家也经常布置得优美典雅。在我们小学或中学的现代国民教育中，甚至对于我们扩招的公立学校系统里的大多数孩子来说，这些环境都是不具备的。在精神生活中，忽视艺术这一重要因素，是不可能没有损失的。我们的审美情感给我们提供了对价值的生动理解。如果你破坏了这些理解，你就会削弱整个精神理解体系的力量。教育中对自由的诉求包含了这样的推论：必须关注完整人格的发展。你绝不能武断地拒绝这种紧迫的要求。在当今经济化的时代，我们听到了太多这样的声音：我们在教育方面的努力徒劳无益，需要减少这种努力。这种致力于发展单纯智力的努力必然会导致巨大的失败。这就是我们在国民学校里所做的一切。我们只是做了足够的激励工作，却没有满足学生的需要。历史昭示我们，艺术的繁荣发展是各民族走向文明的首要步骤。不过，面对这一简单的事实，我们却把大众拒于艺术大门之外。这样一种唤醒渴望却又挫伤它的教育，将导致失败和不满，我们却已经见怪不怪了。整个过程的愚蠢之处在于，我们本来无须耗费太多资源，就可以给予国民简单而通俗的艺术。或许你可以通过一些重大的改革，消除那些艰苦繁重的劳动，保障就业。但是，你永远不能大幅提高国民的平均工资水平。在这方面，你的想法只会类似于所有乌托邦式的希望。然而，我们并不需要付出很大的努力，就可以利用我们的学校去培养热爱音乐、喜欢戏剧、欣赏造型和色彩之美的国民。我们也可以在人们的普通生活中提供满足这些情感的方式。如果你们考虑用最简单的方式，你们将会看到，物质资源上的压力是微不足道的；当你们做到了这一点，并且当人们普遍感激艺术所带来的一切——种种欢乐与恐惧——这时，你们难道不认为，当先知、牧师和政客对人们宣扬要爱上帝，宣传义不容辞的职责，或是唤起爱国精神时，他们会更加可信吗？

　　莎士比亚为英国人写戏剧，这些英国人是在美丽的乡村长大的，身处从中世纪转入文艺复兴时代的壮丽生活中，大洋彼岸的那个新世界使得浪漫的召唤充满活力。今天，我们面对的是聚居在城镇，在科学时代中长大的人。我确信无疑，除非我们可以用新的方法去适应新的时代，去维持我们国民的精神生活，否则，那些被挫败的渴望迟早会猛烈地爆发，英国将在其中重蹈俄国的覆辙。历史学家将会给她写下这样的墓志铭——她的衰落源于她的统治阶级精神上的盲目，源于他们信奉僵化的物质主义，源于他们如法利赛人一般遵从狭隘的治国准则。

第
4
章

Chapter

技术教育及其与科学
和文学的关系

这次演讲的主题是"技术教育"。我想考察它的基本性质，以及它与通识教育的关系。这样的探究，可以帮助我们认识一个国家的技术训练体系得以成功运转所需要的条件。这也是数学教师非常关注的一个问题，因为大多数的技术课程都包含数学。

现在就切入这一讨论是不切实际的，如果我们不在自己的大脑中构想出最完美的理想的话。这个理想是我们想要努力去实现的方向，不管我们构想希望时有多么谨慎，就结果而言，它在不远的将来是可能实现的。

人们总是羞于谈论理想，因此，我们在一位现代剧作家[①]那里发现了关于人类理想状况的表述，他借一个疯子神父之口说道：

> 在我的梦想中，它是一个国家，在其中国家即是教会，教会即是人民，国家、教会和人民是三位一

---

① 参阅萧伯纳《英国佬的另一个岛》。——作者原注

体、一体三位的。它是一个联邦，在其中工作即是娱乐，娱乐即是生活，工作、娱乐和生活是三位一体、一体三位的。它是一个神殿，在其中神父即是礼拜者，礼拜者即是受敬拜的人，神父、礼拜者和受敬拜的人是三位一体、一体三位的。它是一种神性，其中的所有生命都有人性，所有的人性都是神性的，生命、人性和神性是三位一体、一体三位的。简而言之，它是一个疯子的梦想。

在这段话中，我最关注的是这句话："它是一个联邦，在其中工作即是娱乐，娱乐即是生活。"这便是技术教育的理想。当我们将这个理想与现实对照，面对劳累、不满、精神冷漠的劳苦大众以及雇主时，它听上去非常不可思议。我在这里做的并不是一种社会分析，而是我和你们的立场一样，承认目前的社会现实离这个理想还颇有距离。此外，我们承认，如果一个雇主按照"工作即是娱乐"的原则去管理他的工厂，那么他一周之内就要破产。

无论是在寓言中还是在现实中，人类都被施加了一个"诅咒"，即要想生存，就得辛勤劳作。但是，凭借理性和道德直觉，我们可以从这个诅咒里看到人类前进的基础。早期的本笃会僧侣乐于劳作，因为他们认为这样做就能与基督同在。

"工作即是娱乐"这句话剥去神学外壳，剩下的基本思想是，工作应当充满智力和道德的想象，从而战胜工作带来的疲倦和痛苦，使其成为一种乐趣。我们每个人都会按照自己的个人观点，更为具体地表述这个抽象观念。你可以根据自己喜欢的方式去表述它，只要不在细节中遗漏了它的主要观点。不管你如何措辞，它依然是劳苦人类唯一真正的希望，技术教师和那些控制技术教师的教学范围的人，可以运用它来塑造整个民族，使他们以昔日的僧侣精神去从事日常的劳作。

这个国家最迫切需要的是大量技艺纯熟的工人、拥有创造性的天才，以及善于发展新思想的雇主。

首先，有一种方式——而且只有这一种方式——可以达到这些令人钦佩的结果，这便是培养出能够享受其工作的工人、科学工作者和雇主。让我们根据对一般人性的了解来实际看待这个问题。一个疲倦无奈的工人，不管他的手有多灵巧，能生产出大量一流的产品吗？他将会限制他的生产效率，草率应对他的工作，而且善于逃避检查；他将缓慢地适应新方法；他将成为人们不满的焦点，脑子里充满不切实际的革命想法，对真正的工作环境缺乏同情和理解。在我们可能会面对的这个动荡世界，如果你希望促成某种野蛮动乱，那么你就广泛引入这种技术教育，并且忽视本笃会的理想吧。然后，社会将会得到报应。

其次，有创造性的天才在进行充满活力的工作时，需要有愉悦的精神作为条件。"需求是发明之母"是一句愚蠢的格言。"需求是无用伎俩之母"才更接近于事实。现代发明进步的基础是科学，而科学几乎完全产生于令人愉悦的求知欲。

再次，雇主也应该是有进取心的。我们将会看到，成功的雇主才是我们要关注的重要人物，他们的生意遍及全世界，而且他们已经非常富有。毫无疑问，商业上总是有连续不断的起落。但是，如果商业帝国总体上正在萎缩，那么指望贸易的繁荣也是徒劳的。如果这些雇主认为，他们的生意只不过是稀松平常的谋生手段，他们就不会有警觉性。他们已经做出了很好的成绩，仅仅是目前的商业竞争态势就足以占据他们的时间了。他们根本不可能自寻麻烦，去探索尚且存疑的新方法。他们的真正心思放在生活的另一方面。赚钱的欲望产生的是吝啬，而不是进取心。相比于那些做着一直厌烦工作但目标却是创办慈善机构的人，享受其工作的生产者更能代表人类的希望。

最后，只要雇主和大众认为自己只是在从事一种没有灵魂的经营——从公众身上榨取金钱，那么产业就不可能有繁荣的前途。只有从广阔的视野去看待自己所做的工作，以及由此提供的公共服务，才能建立和谐合作的唯一基础。

从这次讨论中我们得出的结论是：对于雇主和大众来说，要想让一种技术教育或科技教育去满足民族的实际需要，就必须秉持一种自由的精神，在教育应当运用的原则和提供的公共服务上做到真正的思想启蒙。在这样一种教育中，几何学和诗歌与车床一样，都是必不可少的。

柏拉图那神话般的形象可以代表现代通识教育，正如圣本笃（St. Benedict）[1] 的形象可以代表技术教育一样。我们不必纠缠于这样的问题，即我们是否有资格去恰当地陈述这两位思想家的真正思想。他们在这里都是象征性的人物，代表的是对立的观念。我们在考虑柏拉图时，是想探讨他在今天可以激发什么类型的文化。

从本质上来说，通识教育是为了培养思想和审美鉴赏力的。它通过传授思想的著作、富于想象力的文学和艺术的知识来进行。通识教育所关注的行为是运用的能力。这是一种需要闲暇的贵族教育。这种柏拉图式的理想为欧洲文明做出了不朽的贡献。它促进了艺术的繁荣，培养了非功利的求知精神——这正是科学的起源；它直面物质力量，维护了思想的尊严，即要求思想自由的尊严。柏拉图不像圣本笃那样操心让自己与自己的奴隶们同甘共苦，

---

[1] 圣本笃（480—547 年）：意大利基督徒僧侣、作家和神学家，本笃会的始祖。他的主要贡献是制定了圣本笃规则，为中世纪大多数基督教团体所遵从。圣本笃规则是西方基督教世界最有影响力的宗教规则之一。

但是他必须跻身于人类的思想先驱之列。柏拉图所倡导的文化类型，是自由贵族的独特灵感，而欧洲正是从这个阶层那里获得了它今天所拥有的有序的自由。几个世纪以来，从教皇尼古拉斯五世（Pope Nicholas V）到开办学校的耶稣会士，再到英国公立学校的校长，这一教育理想一直受到神职人员的有力支持。

对某些人来说，这是一种非常好的教育。它适合他们的心智类型，以及他们所处的生活环境。但是人们对教育的要求远不止于此。人们还根据其他教育与这种教育类型的相似程度，来判定所有的教育的优劣。

这种教育类型的本质，是传授关于最优秀文学的大量驳杂知识。它所培养出来的理想人才熟知人类已经写就的最优秀作品。他将掌握世界上的主要语言，研究民族历史的盛衰和人类情感的诗意表达，阅读过最伟大的戏剧和小说。他也将对主要的哲学思想有深入的了解，用心地阅读过那些具有鲜明风格的哲学家的作品。

显然，如果要大致完成此项计划的话，他将不会有太多时间去做其他的事情，除非是在他漫长一生的结束阶段。人们会想到卢奇安在一篇对话体文章中做过的推算：在一个人能够有正当理由地去实践任何一种现行的道德制度之前，他应当花费 150 年的时间去审查其可信性。

　　这样的理想目标不是为人类设计的。通识教育绝不意味着要实现这样野心勃勃的计划——完全了解从亚洲到欧洲、从欧洲到美洲的人类文明所创造的各种文学作品，只需选择其中的一小部分就够了。但是，正如我们被告诫的那样，应该选择最优秀的作品。把色诺芬（Xenophon）[①]包含在内却遗漏了孔子，我对这一选择表示怀疑，尽管我没有通读他们的原版作品。这样，通识教育的伟大计划就确实可以缩减为学习一些文学片段，其中包括以几种重要的语言写出的文学作品。

　　不过，人类精神的表达并不只限于文学，还有其他的艺术以及科学。而且，教育必须超越被动地接受他人的思想这一方式，必须强化对创造力的培养。不幸的是，创新精神并不仅仅意味着一种才能的获得：思想上的创新，行动的创新，以及艺术的想象性创新，这三个类别之下又包含许多的分支。

　　知识所涵盖的领域很大，而个人的生命又是如此短暂和不完整。古典学者、科学家和校长，这些人同样是无知的。

　　有一种奇怪的错误观念认为，当需要知道的东西比较少时，就有可能获得一种更完整的文化。确实，这种观点唯一的收获便

---

① 色诺芬：古希腊历史学家和作家。他被公认为古代最伟大的作家之一，其作品所用希腊语措辞优美，经常被用于当代古希腊语学生的翻译练习。

是，更有可能意识不到自己是无知的。既未读过莎士比亚，也未读过牛顿或达尔文的人，是不可能在柏拉图那里有所收获的。近些年来，通识教育的成绩并没有退步。变化在于，人们发现了其中的虚夸做作之处。

我的观点是，没有什么学习过程可以宣称达到了理想的完美状态。那些被忽略的次要因素也同样如此。柏拉图式文化坚持一种无功利的知识欣赏态度，这在心理学上是一个错误。对于事件在必然因果关系中的转变，我们的行动以及所受的可能影响才是根本的。一种教育如果力图将智力生活或审美生活与这些基本事实脱离开，必然会导致文明的衰落。文化本质上应当是为了行动，其作用应当是把劳动从漫无目标、毫无意义的辛劳中解脱出来。艺术的存在，使我们知道表达感觉是一件美妙的事情，它丰富了我们的感觉世界。

无功利的科学好奇心是一种激情，它从有序的知识方面去考察事件之间的关联。但是，这种好奇心的目标是将思想与行动紧密结合到一起。但是在理论科学中，这种必要的行动介入也常常被忽略。没有哪个科学家仅仅满足于了解世界。他接受知识，是为了满足自己发现的热情。他不是为了了解而去发现，而是为了发现而去了解。艺术和科学给艰苦的劳作带来的快乐是一种享受，这种享受产生于想法的成功实现。科学家和艺术家所享受的也正是这同样的快乐。

将技术教育和通识教育对立起来是错误的。不涉及通识教育的技术教育是不适当的，不涉及技术教育的通识教育也是不存在的，也就是说，没有哪种教育不是既传授技术，又传授思想视野。简单来说，教育应该教给学生一些他可以充分理解以及便于良好实践的东西。实践和理论之间的这种紧密结合是相辅相成的。只学习理论，才智不可能得到充分发挥。要激励创造性的冲动就需要快速转向实践，尤其是对孩子来说。先学习几何学和力学的知识，紧接着安排车间实践，就可以增加这些科目的真实感，否则，数学便成了冗长的废话。

一个国民教育体系需要三种主要的教学方式，即文学课程、科学课程和技术课程。但是，这些课程中的每一种都应该包含其他两种课程的内容。我的意思是说，每一种教育形式都应当传授学生技术、科学、一般概念和审美能力，学生在每个方面的训练都应该受益于在其他方面获得的启发。由于时间有限，学生不可能在每门课程上都得到充分的发展，即使最受教师喜爱的学生也是如此。课程总是必须有所侧重。当最直接的审美训练对于某些艺术或艺术工艺来说必不可少时，这些训练自然就会进入技术课程之中。不过，它在文学教育和科学教育中也同样是非常重要的。

文学课程的教育方法是研究语言，也就是说，研究我们向他人传达思想的最惯常的方式。在技能方面，应该获得的是语言表达技巧；在科学方面，则是研究语言的结构，分析语言与传达的思想之间的关系。此外，语言与情感之间的微妙关系，以及书写语言和口头语言所引起的感觉器官的高度发展，使得语言的成功运用能够激发出强烈的审美力。最后，世界的智慧便保留在这些用语言创作的杰作中。

这种课程具有同质的优点。它所包含的不同部分是协调的、互相补充的。当这样的课程一旦被广泛地建立起来，即便它声称自身是唯一完美的教育，我们也不会对此感到惊讶。它的缺点在于过分强调语言的重要性。语言表达确实具有种种重要性，以至于我们难以做出清醒的估计。但最近几代人目睹了文学和文学表达形式的衰落，它们在精神生活中不再具有独一无二的重要地位。为了真正成为大自然的仆人和侍从，只有文学才能是不够的。

科学教育基本上是一种训练，训练学生观察自然现象的技艺，认识涉及这一系列现象的规律并进行推理。但是在这里，正如通识教育的情形，我们遇到了时间短缺带来的限制。自然现象有很多种类，每一种类型都对应着一种科学，这种科学又具有其独特的观察方式，以及进行规律推理的独特思维方式。在教育中，学习整体上的科学是不可能的，所能做的是学习两三种相关联的科学。因此，有人指责狭隘的专业化教育，反对任何以科学教育为主的教育。显然，这种指责可以找到充分的依据；值得思考的是，在科学教育的范畴内，为了发挥这种教育的优势，我们应该考虑如何才能避免狭隘专业化的危险。

这样的讨论需要考虑到技术教育。技术教育主要训练这样一种技艺，即运用知识去制造物质产品的技艺。这种训练注重手工技能、眼和手的协调能力，以及控制生产过程的判断能力。但是，这种判断需要具备自然变化过程的知识，制造产品也要用到这些知识。因此，在技术训练中，需要学习某些方面的科学知识。如果你把科学方面的知识缩减到最小，那你就将科学知识局限在科学专家的范围内；如果你把它扩展到最大，那你将在一定程度上把它传授给普通人，更重要的是传授给商业主管和经理们。

就智力层面而言，技术教育并不一定只与科学相关。它也可以训练艺术家或艺术工艺的学徒。在这种情形下，技术教育就与培养相关的审美鉴赏力联系起来了。

柏拉图式文化有害的一面在于，它完全忽视了技术教育是理想人格全面发展的必要组成部分。这种忽视源于两种相当糟糕的对立，即精神与身体的对立，以及思想与行动的对立。为避免不必要的批评，我在这里插一句，我十分清楚，希腊人是高度重视身体之美和体育运动的。然而，他们拥有的扭曲的价值观，是奴隶制的报应。

我认为这是一条教育真理：在教学中，一旦你忘记了你的学生是有血有肉的人，你就会遭遇失败。这也正是后文艺复兴时期柏拉图式教育的错误所在。但是，任何东西都不能阻止人们接近大自然。因此，在英国的教育中，在大自然被驱赶出教室之后，它却以崇尚运动这种形式重返课堂。

智力活动与身体之间的联系，尽管在每一种身体感觉中都有体现，但集中体现在眼睛、耳朵、声音和双手上。这中间有感觉与思想的协调，也有大脑活动与身体的创造性活动之间的相互影响。在这些反应中，双手的作用尤其重要。是人的双手造就了大脑，还是大脑造就了双手，这是一个悬而未决的问题。当然，手与脑的联系是紧密的、相互的。这种关系根深蒂固，即便几百年来一些特殊家庭中的人放弃了手工艺劳动，这种关系也不会因此而被普遍削弱。

贵族阶层丧失了大脑活力的一个原因，便是他们放弃了手工艺劳动，这只能通过运动来缓解；而在运动中，同时进行的大脑活动降到了最低，并且手部活动也没有那么精巧。经常写作和进行语言表达是必要的，这些对专业人士的思维能力的刺激是轻微的。那些把其他活动排除在外的阅读者，并不以大脑敏捷而著称。他们往往是一些胆怯、守旧的思想者。毫无疑问，部分原因是他们掌握的知识过多，超越了他们的思维能力；但是还有部分原因在于，他们的大脑缺乏来自手或声音的富有创造性的活动所带来的有效刺激。

在评价技术教育的重要性时，我们必须超越那种把学习仅仅局限于书本学习的认识。第一手的知识是理智生活的根本基础。书本学习在很大程度上传达的是二手信息，而且其重要性绝不会超过直接实践。我们的目标是将生活中的直接发生的事件看作体现我们一般观念的实例。我们从书本中了解到的世界，往往是一堆二手信息的碎片，这些信息阐述的观念也是从其他二手信息的碎片中得来的。从书本中了解到的世界，其平庸的根源便在于这种二手性。因为它从未直面过事实的惊吓，因此它是平淡乏味的。弗朗西斯·培根（Francis Bacon）最重要的影响，不在于他碰巧提出的那种归纳推理理论，而在于他是反对二手信息的领袖。

科学教育的独特优点应该是，将直接观察作为思维的基础；而技术教育的优点则是，遵循我们内心深处的自然直觉，将思维转化为手工技能，并从手工劳动中汲取思维。

科学所唤起的思维是逻辑思维。如今，逻辑分为两类：发现的逻辑和被发现的逻辑。

发现的逻辑在于权衡可能性，剔除不相关的细节，推测事件得以发生的普遍规律，并设计合适的实验来验证假设。这就是归纳逻辑。

被发现的逻辑是对特殊事件的演绎，这些事件在特定的条件下发生，遵循预设的自然规律。因此，当这些自然规律被发现或假定时，它们的应用就完全取决于演绎逻辑。没有演绎逻辑，科学将毫无价值。从特殊上升到一般，这仅仅是一个无益的游戏，除非之后我们可以颠倒这一过程，从一般再下降到特殊，上上下下，就像雅各（Jacob）梦中那通往天堂的天梯①上的天使一样。当牛顿推测出了万有引力定律，他马上开始计算地球对其表面上的一个苹果的引力，以及对月球的引力。我们可以顺便提一下，如果没有演绎逻辑，就不可能有归纳逻辑。因此，牛顿要对伟大的万有引力定律进行归纳验证，那么计算就是他必不可少的一步。

今天，数学只不过是演绎推理艺术中比较复杂的部分而已，尤其是当它涉及数、数量和空间的时候。

在传授科学时，应该教给学生思维的艺术，即形成清晰概念并应用到直接经验中，推测可以应用的普遍真理，验证各种推测，以及通过推理将普遍真理应用到一些特别重要的特殊情形中。此外，科学阐述的能力也是必要的，这样学生就可以在一堆混乱的

---

① "雅各的梯子（Jacob's Ladder）"是《圣经》中的一个典故，出现在《创世记》第 28 章中，是指通往天堂的梯子。雅各在逃离他的兄弟以扫时做了一个梦："他梦见地上架起一架梯子，梯子的顶端通向天上。看哪，神的使者在上面上上下下"。

观念中，清晰地表述相关问题，并强调重要的观点。

等到我们全面给学生传授了一门或一小类科学，并且在教育过程中对思维的一般艺术给予应有的关注，那么，我们就在纠正科学教育的专业主义方面有了长足的进步。正如必然会出现的情况一样，最糟糕的科学教育是基于一两个特定科学分支的科学教育，在考试体制的影响之下，教师往往只向学生灌输这些特定科学的狭隘知识。方法的普遍性必须不断地接受检验，并与特定应用中的特殊性进行对照，这是必不可少的。一个人如果只知道他自己所学的科学，并将其中特有的东西当作常规，那么他甚至可以说不了解这门科学。他没有丰富的思想，没有能力迅速抓住不同思想间的关系。他将没有丝毫新知可以发现，并且在实际运用所学知识时也显得很笨拙。

在特殊中呈现一般，完成起来是极其困难的，特别是对年纪幼小的学生来说。教育的艺术从来都不是一件简单的事。要克服教育的困难，尤其是基础教育中的那些困难，值得我们用最大的天赋去为之努力。它是培养人类灵魂的工作。

数学，如果教授得当的话，应该能够成为逐渐培养这种普遍性概念的最有力的工具。数学的本质在于，永远要舍弃比较特殊的概念，寻求更普遍的概念，舍弃特别的方法，追求普遍的方法。我们以一个方程式的形式表达一个特殊问题的条件，但是这个方程式也适用于数以百计的涉及不同学科的其他问题。一般推理永远是最有力的推理，因为演绎推理的说服力是由抽象形式的固有属性决定的。

在这里，我们又要小心谨慎了。如果我们只是用数学去加深学生对于普遍真理的印象，我们就会毁掉数学教育。一般概念是把特殊结果联系起来的方式。毕竟，具体的、特别的情况才是重要的。因此，在处理数学问题时，你的结果越具体越好，至于你的方法，则是越普遍越好。推理中必不可少的过程是从特殊事物中归纳出一般，然后再从一般演绎出特殊。没有普遍性就没有推理，而没有具体性推理就没有价值。

具体性是技术教育的力量所在。我要提醒你们，缺乏高度普遍性的真理未必就是具体的事实。比如，$x + y = y + x$ 是一个代数原理，比 $2 + 2 = 4$ 更具普遍性。但是 "$2 + 2 = 4$" 本身就是一个具有高度普遍性的命题，不包含任何具体性的元素。要想获得一个具体的命题，就需要有一种对涉及特殊对象的真理的直觉认识。比如，如果你对苹果有直接感知或直接记忆的话，那么，"这两个苹果加上那两个苹果等于四个苹果" 就是一个具体的命题。

为了完全实现真理的应用，而不是将其作为空洞的公式，除了技术教育之外，别无他途。仅仅做消极观察是不够的。只有在创造中，才会对由此生产的对象的属性有生动的观察。如果你想了解一种东西，就自己动手去做吧，这是一条坚实的原则。把思想直接转化为行动，你的才能将处于活跃状态，你的思想将获得活力。你看到自己的想法在应用时的限度，从而使想法更加切合现实。

在基础教育中，这一信条很早就被运用到实践中了。年幼的孩子们通过简单的手工操作，如裁剪和分类，熟悉了形状和颜色。尽管这种做法是好的，但是它和我所说的还不完全一样。这是你在思考之前所获的实际经验，这种先于思想的经验是为了让学生创造观念，是一种极好的训练。但是，技术教育应该远不止于此；它是伴随着思考而产生的创造性经验，是可以实现你的思想的经验，这种经验教会你协调行动和思想，引导你基于思想产生预见，基于预见取得成就。技术教育教给我们理论，并让我们敏锐地洞察到理论会在何种情形之下失效。

技术教育不应被看作完美的柏拉图式教育的残次替代品，也就是说，我们不能认为技术教育是一种有缺陷的教育，由于生活条件有限而不得不接受它。人类只能获取一些零碎的知识以及零碎的能力训练。不过，我们可以沿着三条主要的路径向前，有希望获得智力和品格之间的最佳平衡：它们便是文学教育、科学教育和技术教育之路。仅仅采用其中的一种方法进行教育，都会给智力活动和品格方面带来严重的损失。但是，将这三种课程纯粹机械地混合将会产生糟糕的结果，产生一堆互不关联或从来得不到运用的信息碎片。我们已经注意到，传统文学教育中有一个优势，即它的所有部分都是协调的。教育的问题在于要保留主导性的重点，不管是文学的、科学的还是技术的，并且保持协调性的情况下，在每种教育方式中融入其他两种的某些内容。

要明确技术教育的问题，需要注意两个年龄：一个是 13 岁，这是基础教育结束的时候；另一个是 17 岁，如果学校课程表中包含技术教育，这时就是技术教育结束的时候。我知道，对于初级技术学校的技工来说，三年制的课程是比较常见的。但对于培养海军军官和一般的指挥阶层来说，学校可以提供更长时间的课程。我们想要考察一下主导这些课程的原则，这些课程应该能够让这些孩子在 17 岁时掌握对社会有用的专门技术。

孩子们的手工技术训练应当从 13 岁开始，并在他们课业活动中占有适当的比重，而后每年应当增长一些，最后达到较大的比例。首要的是，这种训练不应太过专门化。为适应某种特别工作需要的可以在车间完成的学习，应当在商业性的车间里去教，不应当构成学校课程中必不可少的部分。一个得到适当训练的工人很快就能不费力气地学会它们。在所有的教育中，失败的主要原因是内容陈腐。如果我们把技术教育当成吸引年幼的孩子、培养他们高度专业化的手工技能的一种体制，那么它注定要失败。国家需要劳动力的流动，不仅仅是从一个地方到另一个地方的区域流动，还包括与能力相关的合理范围内的流动，即从一种特定类型的工作转向另一种特定类型。我知道，我在这里的说法并没有实证，我并不是要求人们在专门从事一种工作时，应该被不时地安排其他种类的工作。这是行业组织机构需要处理的问题，与教育家无关。我只是主张这样的原则：学生接受的训练应当比他们所学的最终专业要广泛一些，他们因而能够获得适应不同工作需要的能力，这对工人、雇主和国家都是有利的。

在考虑课程的知识性时，我们的指导原则必须是不同的科目间应当相互协调。一般而言，与手工技能训练最直接相关的知识学习，是学习科学的一些分支。实际上，它涉及的不止一个科学分支，即使情况不是这样，也不可能把科学学习窄化为一种单一、狭隘的思维方法。不过，假如我们不过于精细地进行科学分类，就可以根据涉及的主要科学门类将技术学习粗略地划分。这样，我们就可以划分出六个门类：（1）几何技术；（2）机械技术；（3）物理技术；（4）化学技术；（5）生物技术；（6）商业和社会服务技术。

这个分类意味着除了辅助性的科学之外，在大多数的职业训练中还需要侧重于某个特定科学的训练。例如，我们可以把木工技艺、五金技艺和其他许多技术工艺归到几何技术里。相似地，农业是一种生物技术。烹饪如果包括餐饮配送的话，大概就介于生物学、物理学和化学等学科之间了，尽管对此我并不确定。

与商业和社会服务相关的科学会部分地涉及代数，包括算术和统计学，还涉及一部分地理和历史知识。但是，就科学相关性而言，这部分的关系是有点混杂的。无论如何，以确切的方式根据其与科学的关系来划分技术学习，这些都是细节问题。基本的要点是，经过一定的思考，有可能找到能够说明多数行业的科学课程。此外，人们对这一问题已经有了深刻的了解，在英国全国的许多技术学校和初级技术学校里，这个问题已经得到了很好的解决。

回顾技术教育中的知识元素，当从科学转向文学时，我们会注意到有许多学习是介于两个学科之间的，比如历史与地理。它们在教育中都很必要，假如它们是正确的历史和正确的地理的话。对一般结果以及对不同科学中的一系列思想进行描述性解释的著作，也属于这一类。这类著作应当部分是历史描述，部分是解释那些已经产生的主要概念。它们在教育上的价值，取决于它们能在多大程度上激发思想。它们一定不能夸大科学的奇迹，而且必须提供一种广阔的眼界。

遗憾的是，在教育中，除了文法研究，文学很少被考虑。造成这种情况的历史原因是，在现代柏拉图式的课程形成时，拉丁语和希腊语成了进入伟大文学的专门钥匙。但是，文学与文法之间的联系不是必然的。在亚历山大①的文法学家出现之前，希腊文学的伟大时代已经逝去了。在现今所有类型的学者中，研究古典文学的学者与伯里克利时代的希腊人相差甚远。

纯粹的文学知识并不那么重要。唯一重要的事情是，它是如何被掌握的。相关的文学事实不足为道。文学的存在只是为了表达和发展我们的想象世界，这个想象世界就是我们的生活，是我们的内在王国。随之而来的问题是，技术教育在文学方面应当努力让学生欣赏文学。他们知道哪些文学知识并不重要，享受文学则是至关重要的。英国那些伟大的大学应当被指控犯有灵魂谋杀罪，在它们权威的直接影响之下，学龄儿童都要参加关于莎士比亚戏剧的考试，这在一定程度上破坏了他们学习文学的乐趣。

智力上的乐趣有两种，即创造的乐趣和消遣的乐趣。它们并不是必然分开的。职业的变更可以带来极大的快乐，这种快乐便包含了这两种形式的快乐。欣赏文学确实是一种创造。用于书写的词句——其音乐性以及引起的联想——只不过是一种刺激因素，

---

① 亚历山大：指埃及的港口城市，位于尼罗河三角洲的西部边缘。它由亚历山大大帝于公元前331年建立并以其名字命名，迅速发展为希腊文明的主要中心。公元前3世纪—前2世纪，亚历山大港出现了一批著名的文法学家，他们致力于古典文本的恢复、解读、文学批评等。

它们唤起的想象则是我们自己的创造。除了我们自己，没有人，没有什么天才可以让我们的生活生机勃勃。但是，除了有些人以从事文学为职业之外，文学还是一种消遣。职业人士在工作时都必须抑制自己的另一面，而这一面则在文学中得到了放松。在生活中，艺术也具有与文学一样的作用。

我们无须帮助就能获得消遣的乐趣。这种乐趣不过是停止工作带来的。有一些这样的纯粹消遣是保持健康的必要条件。这种消遣的危险性众所周知，我们大部分的自然消遣不是获得某种乐趣，而是睡上一大觉。创造的乐趣是努力获得成功之后的结果，它需要帮助才能获得。对于快节奏的工作和原创性的成就来说，这种乐趣是必不可少的。

要求那些没有通过消遣来恢复精神的工人去提高产量，是一项非常糟糕的经济政策。暂时的成功会让国家为此付出代价，这些疲惫不堪、丧失劳动能力的技工，在很长的时间里将不得不靠国家来养活。同样糟糕的是，工人生活在玩命工作和纯粹消遣这两种时段的交替之中。这种纯粹消遣播下了退化的种子，除非严格缩减其时间。正常的娱乐消遣应当是改变活动内容，满足本能的渴望。游戏可以提供这样的活动。它们与工作脱离，使消遣加强了，但是过度游戏又会给我们留下空虚。

正是在这方面，对于一个组织有序的国家而言，文学和艺术应当起到必不可少的作用。它们在经济生产中的作用仅次于睡眠和食物。我在这里谈到的不是培养艺术家，而是将艺术作为健康生活的一个条件。它相当于物质世界中的阳光。

当我们一旦从大脑中摒弃这样的观念——知识学习是需要强求的——我们在帮助学生发展艺术乐趣方面就不会有什么特别的困难或代价了。可以定期让所有的学龄儿童到附近的剧院去，在那里上演适合观看的戏剧会得到国家的补贴。音乐会和电影也是相似的。绘画的吸引力或许有不确定性，但是那些有趣地再现孩子们阅读过的场景或思想的作品，大概会吸引学生的注意力。此外，还应该鼓励学生在艺术上下功夫。首要的便是应当培养他们朗读的艺术。艾迪生（Addison）《罗杰爵士故事集》（*The Roger de Coverley*）① 中的散文就是可供朗读的完美典范。

艺术和文学并不只是间接影响生命的主要活力，它们直接赋予了我们想象力。世界的广阔性，远远超出了我们具有微妙的反应和情感波动的身体感觉所能达到的限度。想象力是具备控制能

---

① 艾迪生（1672—1719 年）：全名为约瑟夫·艾迪生，英国散文家、诗人、剧作家和政治家。他的散文风格简洁，标志着 17 世纪矫饰文风和传统古典形象的终结。罗杰爵士是艾迪生虚构的人物，身份是一个可爱但又有些可笑的乡村老绅士。艾迪生在其创办的颇有影响力的《旁观者》杂志上发表一些散文和信件时，将罗杰爵士作为其表面上的作者。这些文章后结集为《罗杰爵士故事集》出版。

力和指导能力的必要前提。各个民族之间的竞争，最终将取决于生产车间而非战场，胜利将属于那些受过训练、精力充沛的人，他们在有利于成长的环境下工作。这种环境中艺术又是一个必不可少的条件。

如果还有时间的话，我还想说一些别的问题：比如，提倡在所有的教育中包含一门外语学习。从直接的观察中，我知道这对学习技术工艺的孩子来说是可能的。但我不再赘述关于我们从事国民教育时应遵循的原则，前面我已经说得够多、够清楚了。

最后，我想重新回到本笃会的思想上，他们通过把知识、劳动和道德力量结合起来，为人类拯救了那些正在消失中的古代文明。我们当今面临的危险在于，把实际事务看作邪恶王国，只有在其中挤出理想的目标才有可能取得成功。我认为，这种观念是错误的，它已经被实践经验直接否定了。在教育中，这种错误观念表现为对技术训练的轻视。在黑暗年代里，我们的先辈通过在伟大的组织机构中体现崇高的理想，从而获得了自救。我们的任务是大胆地去运用我们的创造力，而无须亦步亦趋地模仿。

第
5
章

Chapter

古典文化在
教育中的地位

在英国，古典文化的未来不取决于功成名就的学者对经典的喜爱，也不取决于对业余学术爱好者进行学术训练所取得的功效。几个世纪以来的经验证明，主要以古典文学和古典哲学为基础的一种教育，可以使受教育者获得愉悦和品格的训练。古典学问今天所面临的危险，不是因为现在的古典学者不如他们的先辈那样热爱古典文化。这种危险是这样产生的：过去，古典文化统治了整个高等教育领域，没有可以与之匹敌的科目。因此，所有的学生在整个求学生涯中都沉浸在古典作品中，在大学里，古典文化课程的统治地位仅受到狭义学科意义上的数学的挑战。这种情形导致了很多后果。仅仅为讲授这个科目，就需要很多研究古典文化的学者；所有学术领域都沉浸在古典文化的气氛中，以致能力的代名词指的就是古典文化的才能；最终，凡是在这方面有一点发展希望的孩子，他对经典文化的学习兴趣都会得到培养。然而，所有这一切都过去了，不复存在了。蛋头先生

（Humpty Dumpty）① 只要待在墙头上，他就是一颗完好的蛋，但是一旦掉下来，你就永远也无法让他恢复原状了。现在，学校里有各种其他的学科，每一个学科都涉及广泛的兴趣主题，这些主题之间又存在着复杂的关系，而且每个学科都在发展中展现了天才们以丰富想象力和哲学直觉所建立的丰功伟绩。今天，几乎生活中每个行业都需要专业学问，并且需要以这些学科中的一个或多个作为基础来培养专业技能。人生短暂，大脑接受知识的可塑时期更短。因此，即使所有的孩子都适合学习古典文化，也绝不可能维持这样一种教育体制：将古典文化方面的完整训练作为接受其他学科知识的必要准备。作为首相主持的"古典文化在教育中的地位研究委员会"的成员，我不幸地听到，许多人在目睹了现代家长唯利是图的倾向后发出的徒劳悲叹。我相信，现代不同阶层的父母并不比之前的父母更功利。当古典文化是向上的通道时，它就成了受欢迎的学习科目。现在，风水轮流转，古典文化处于危机之中。亚里士多德不是说过吗："良好的收入是知识生活的理想补充。"我想知道的是，如果亚里士多德作为一个家长，他

---

① 蛋头先生：英语童谣《蛋头先生》中的角色，通常被描绘为一个拟人化的蛋。至少自 20 世纪中期开始，这首童谣的现代版本在英国就广为人知。其内容如下：蛋头先生坐在墙上，蛋头先生摔了一大跤，所有国王的马匹和所有国王的手下，都无法再把蛋头先生拼到一起。

如何来打动我们那些伟大的公立学校的校长。从我对亚里士多德的些许了解来看，我猜想他们之间将会发生一场争论，而且获胜的将是亚里士多德。我一直试图充分地去领会关于教育课程中的古典文化课程所面临的危机。我得出的结论是，古典文化的未来命运，将会取决于接下来几年这个国家的中学教育。不出一代人的时间，那些伟大的公立学校都将不得不跟着效仿，不管它们是否喜欢。

这种情形是由如下的事实决定的：将来，90%的学生在18岁结束学校生活后，不会再去读古典原著。如果学生结束学校生活时的年龄更小，这里估算的90%可能要改成99%。我听过和读过许多阐释，它们美妙地阐述了古典著作对于那些坐在扶手椅里阅读柏拉图和维吉尔的学者是多么的有价值。但是，我提到的这些学生从来不会坐在扶手椅里或在任何其他情境里去阅读古典作品。我们不得不针对这90%的学生，去保留适合他们的古典文化课程。如果古典文化课程从这部分学生的课程中被扫地出门，那么，剩余10%的学生也将很快消失。到时候，在任何一所学校里都不会有这方面的教师来教他们了。这个问题是很紧迫的。

不过，如果我们由此得出结论说，不管是在学术领域，还是在那些关注教育和效率之间的关系的工业界领袖中，古典文化面对的都是一种充满敌意的主张，那么就大错特错了。关于这个问题，我参加过一些公开或私下的讨论，最近一次是在一所伟大的现代大学的领导委员会，这次讨论简短而充满活力。科学系的三位代表积极地强调古典文化的重要性，其理由是古典文化对科学家的预备性训练颇有益处。我之所以提到这件事，是因为以我的经验看来它很有典型性。

我们必须记住，知识教育的所有问题都是由时间短缺引起的。如果玛士萨拉（Methuselah）[①] 没有得到很好的教育，那是他自己或管教他的老师的错误。但是，我们的任务是讨论如何对待中学教育的五年时光。为古典文化课程辩护的唯一理由是，在这段时光中，古典文化课程与其他课程共享这段时光，而它能够比其他任何针对相同目标的原有课程更快地丰富学生的知识品格。

在古典文化课程中，我们通过彻底地研究语言，努力发展心智在逻辑、哲学、历史和文学审美方面的能力。学习语言——拉丁语或希腊语——是促进这一潜在目标实现的辅助方式。当目标实现时，这些语言就可以被放下了，除非学生有机会和意愿对它们进行更深的研究。人的心智千差万别，对于其中最好的学生而言，学习语言分析并不是培养良好能力的最佳途径。对这些人来

---

① 玛士萨拉：《圣经》中的族长，根据《创世记》中的说法，他是以诺的儿子，拉麦的父亲，诺亚的祖父。据称他活得最长，享年 969 岁，因此经常被当作长寿的代名词。

说，一只蝴蝶或一台蒸汽机要比一行拉丁文句子具有更广泛的意义。那些有点天赋的学生尤其如此，他们有着生动的领悟力，可以靠这种领悟力激发出原创性的思想。对这类人来说，指定的语言表达几乎总是说不透彻，无关宏旨的琐碎信息也会困扰他们。

但是，整体上来看，语言分析是正常的途径。对学生来说，它代表了最普遍的方法；对教师来说，到目前为止，它也代表了最易操控的工作。

在这一点上，我必须扪心自问。我的另一个自我会问我，如果你想让孩子们学习逻辑学，你为什么不直接教他们？这难道不是一个明显的步骤吗？我想用一位伟人——桑德森（Sanderson）的话来回答，他是奥多中学（Oundle School）的已故校长，他的逝世是我们极大的损失。他说：学生通过接触来学习。这句话的意义在于，它触及了教育实践的根本问题。教育必须始于特定的事实，个人可以理解的具体、确切的事实，并且必须逐渐地发展为普遍观念。我们应当避免那种邪恶的做法，即灌输与个人经验无关的一般性论述。

现在，让我们运用这个原则来确定一个最佳方法，以帮助孩子们发展思维的哲学分析能力。我将以更为通俗的话来说明这一问题：让孩子在思想和表述上成为一个头脑清楚的人，最好的方式是什么？一本逻辑学书中所作的一般性论述，根本不涉及孩子们听说过的任何事情。它们属于成年阶段的大学教育，或者接近大学教育。你必须从分析熟悉的英语句子开始。但是，这一语法学习过程如果延长到基础教育阶段之后，就会非常枯燥。此外，它的缺点在于，它局限在英语语言分析的范围内。对于英语短语、词汇的复杂含义，以及认知过程的习惯，它却未作任何阐述。下一步你要做的就是教孩子一门外语。在这里，你将有一个极大的有利条件。你将摆脱那种令人厌恶的为练习而练习的形式主义。此时的语言分析是无意识的，学生的注意力将转向使用语言表达自己的需要，或者理解别人对他说的话，或者领悟作者的文字内涵。每种语言都体现了一种特定的思维方式，两种语言必然会呈现给学生两种思维间的一些对照。常识告诉我们，你应该让孩子在儿童时期尽可能早地开始学习法语。如果你的家境富裕，可以给孩子请一个讲法语的保姆。如果没有那么幸运的话，孩子将在中学阶段大概 12 岁时开始学习法语。你或许可以使用直接教学法，让孩子整节课都沉浸在法语中，教他们以法语思考，在理解法语词汇和含义时不受英语的干扰。即使一个水准一般的孩子也会学得不错，很快就会掌握处理和理解简单法语句子的能力。正如我前面说过的，收获将是巨大的；此外，孩子也掌握了对后来生活有用的一项工具。他们的语感增强了，这种感觉也是潜意识中对语言这种具有明确结构的工具的欣赏。

也正是在这个时期，拉丁语学习对孩子的智力扩展来说是最好的刺激。拉丁语的元素清晰、具体地表明语言是有结构的。假如你的智力已经发展到了可以理解语言结构这一观念的水平，那么你就能发现这个事实。而在英语和法语的学习中，你可能会错过它。简单而规范的英语可以直接转换为不严谨的法语，反过来，规范的法语也可以转换为不严谨的英语。对智力发展处于这个阶段的孩子来说，直译出来的不严谨的法语与书写中应当使用的规范法语之间的差别，通常是相当微妙的，并且难以解释清楚。两种语言在表达上都具有相同的现代性。但是，在英语与拉丁语相比的情形中，文法结构的差异是明显的，不过这种差异造成的困难还不至于成为无法克服的障碍。

根据学校教师们的说法，拉丁语是相当受学生欢迎的一个科目；我自己在学生时代就喜欢拉丁语。我相信，拉丁语受欢迎是因为伴随着拉丁语的学习过程，学生获得了一种启蒙感。你知道自己正在发现某种东西。拉丁语词汇以某种方式嵌入句子中，并具有奇怪的不同的内涵，这既不同于英语，也不同于法语。当然，在某种程度上，拉丁语比英语要原始一些，更接近于把句子当作未经分解的单元。

这就引出了我的下一个观点。在拉丁语带来的诸多馈赠的序列中，我把哲学置于逻辑和历史之间。这确实是哲学在这种关联中的真正位置。拉丁语唤起的哲学直觉介于逻辑和历史之间，并使二者更加丰富。将英语翻译成拉丁语或将拉丁语翻译成英语，在这些翻译过程中会涉及思维的分析，这种体验对于学生进入哲学逻辑是必要的。如果在日后的生活中，你的工作与思维有关，那么，你应该感谢上帝，他曾规定，你在青少年时期的五年中，每周要写一篇拉丁语散文，并且每天翻译一些拉丁语作者的文章。进入任何一个科目，都是一个通过接触来学习的过程。对大多数人来说，语言是思维活动最直接的刺激，从简单的英语语法到法语，从法语到拉丁语，其中也贯穿了几何和代数的内容，这便是他们走向理解力的启蒙之路。我不需要提醒读者，我所赞成的这一普遍原则和柏拉图的学说一样权威。

　　现在，让我们从思维的哲学转向历史的哲学。我再次重申桑德森的伟大说法：学生通过接触来学习。一个孩子究竟怎样通过接触来学习历史呢？原始文件、宪章、法律法规和外交信函，都是晦涩难懂的。一场足球赛或许可以稍稍反映出马拉松战役（Battle of Marathon）① 的状况。但是，这仅仅说明了人类生活在

————————

① 马拉松战役：公元前 490 年，波斯第一次入侵希腊期间发生的一场重要战役，所在地马拉松是希腊的一个城镇。这场战役以希腊获胜告终，也是希波战争的分水岭。在这场战役中希腊传令官菲迪皮德斯被派从马拉松跑到雅典宣布胜利，这便是现代马拉松赛跑的由来。

不同时代和环境中都具有共同的特性。此外，我们灌输给孩子的所有这些外交和政治材料，都呈现出极其狭窄的历史观。我们真正需要的是，对观念、思想、审美和种族冲动的变迁有一种直觉的把握，这些才是动荡的人类历史的决定因素。今天，罗马帝国就是衔接古老的过去和现代生活的关键时期。只要涉及欧洲文明，打开历史的钥匙便是理解罗马精神以及罗马帝国的成就。

罗马帝国的语言，拉丁语，以文学形式体现了罗马时代的思想观念，在这种语言中，我们拥有了最简单的材料，通过接触这些材料，我们可以了解人类事务变化的趋势。仅仅就法语、英语与拉丁语之间的明显关系而言，它本身就是一种历史哲学。考虑一下英语和法语之间的明显差异吧：英语完全中断了与过去的不列颠文明时代的联系，现代英语中慢慢汇入了那些来自地中海地区并承载了文明含义的词汇、短语；而法语虽然留下了外来语猛烈冲击的明显痕迹，但是其发展还是具有连续性的。在这些问题上，我不是要做自命不凡的抽象的演讲。事情本身就能说明问题。法语和拉丁语的基础知识，再加上英语作为母语，赋予了欧洲种族漫游故事必不可少的现实气氛，而我们欧洲正是从这些故事中诞生的。民族的精神生活塑造了语言，语言便是其化身。每个习语和词汇都体现了人们的某种习惯观念，即人们在田地里耕作、照管家庭、建造城市时的习惯观念。出于这个原因，在不同语言的词汇和短语之间，真正意义上的同义词是不存在的。我一直在讨论的问题，都只不过是这个主题的一种铺陈，我们努力强调的也是其迫切的重要性。在英语、法语和拉丁语之间，我们拥有了一个三角形，英语和法语这样一对顶点，展现了两种主要现代精神形成的不同表达方式，这两个顶点与第三点的关系则显示了从过去地中海文明衍生出其他文明的不同进程。这是文学文化的基本三角关系，它本身包含了鲜明的对照，既包含现在也包含过去，也跨越了空间和时间。这些为我们的主张提供了合理的基础，即习得法语和拉丁语的过程便是通过"接触"找到学习逻辑哲学和历史哲学的最轻松方式。脱离了这样的亲身经验，你所做的思维分析和了解历史的行动都是空洞的。我不是在宣称，也从来不相信，这种教育路线对大多数学生来说是最简单的、最轻松的。我确信，对不少学生来说，教育的侧重点应当有所不同。但是我确实认为，这一教育路线可以给最大多数的学生带来最大的成功。它也具有一个优势，即能禁得住经验的检验。我认为，现存的教育实践需要进行大幅度的调整，以适应当下的需要。但是，整体而言，文学教育的这一基础包含了被充分理解的传统，也包含能在实践中去实现这一传统的大批经验丰富的学术教师。

　　读者或许已经注意到了，我到现在为止还没有说到罗马文学的辉煌。当然，教拉丁语必须和学生一起阅读拉丁语文学。罗马文学中拥有充满活力的作家，他们成功地在各种主题上对罗马精神进行了清晰的描绘，包括对希腊思想的欣赏。罗马文学的一个优点是，它相对缺乏杰出的天才。罗马作家鲜有高傲者，他们表达自己的民族生活，很少有超越民族特性的东西。除了卢克莱修（Lucretius）①，你总能感觉到他们作品的局限性。塔西佗（Tacitus）②表达了罗马元老院顽固派的立场，无视罗马行省制取得的成就，只看到了希腊自由民正在取代罗马贵族这一事实。罗马帝国以及创造这一帝国的精神耗尽了罗马人的天才。当这个尘世上的事情失去其重要性时，会进入天国的罗马文学会少之又少。天堂里所用的语言将是中文、希腊语、法语、德语、意大利语和英语，受祝福的圣徒们将喜悦地沉浸在这些关于永恒生命的美妙表达中。他们会对希伯来文学与消失的邪恶做斗争的道德狂热感到厌倦，也会对罗马作家把罗马广场误认为永生上帝的脚凳感到厌倦。

---

① 卢克莱修（约前99—约前55年）：古罗马诗人、哲学家。著有诗作《自然之论》（又译为《论事物的本质》），通过诗歌的语言和隐喻向罗马读者介绍伊壁鸠鲁的哲学，其中还提出了原子论的原理，探讨了心灵和灵魂的本质，解释了感觉和思想、世界的发展，以及各种天体和地球现象等。
② 塔西佗（约55—约120年）：古罗马历史学家、政治家，被现代学者广泛认为是最伟大的罗马历史学家之一。著有《编年史》《历史》等，考察了自奥古斯都之死（公元14年）至图密善之死（公元96年）期间的罗马帝国历史。

我们教拉丁语，并不是希望罗马作家的原著可以与学生相伴一生。英国文学要伟大得多，它更丰富，更深邃，更精妙。如果你喜爱哲学，你会为了西塞罗而放弃培根、霍布斯、洛克、贝克莱、休谟和穆勒吗？并不会，除非你对像马丁·塔波尔（Martin Tupper）① 之类的现代作家感兴趣。也许你渴求了解人类存在的无限多样性，以及人类对环境的反应，你会拿莎士比亚和英国小说家去交换泰伦提乌斯（Terence）②、普劳图斯（Plautus）③ 和特立马乔（Trimalchio）④ 的盛宴吗？我们还有幽默作家谢里丹（Sheridan）⑤、狄更斯和其他作家。有谁阅读拉丁作家时能像读这

---

① 马丁·塔波尔（1810—1889 年）：英国诗人、小说家。他在世时是作品最为读者广泛阅读的作家之一，其诗集《谚语哲学》在英国和北美畅销了几十年之久。作为维多利亚女王最喜欢的诗人之一，他也曾经是英国桂冠诗人荣誉的有力竞争者。

② 泰伦提乌斯（约前 195—前 159 年）：古罗马剧作家，著有《安德里亚》《宦官》等。至公元前 2 世纪末，泰伦提乌斯的戏剧就已被确立为文学经典并进入学校教科书，对后世剧作家如莎士比亚、莫里哀等也有重要影响。

③ 普劳图斯（约前 254—前 184 年）：古罗马剧作家，著有《驴子的喜剧》《三枚硬币》等。他的喜剧大多改编自希腊模式或直接基于希腊剧作家的作品，并使其更适合罗马观众的品位，是最早完整保存下来的拉丁文学作品。

④ 特立马乔：古罗马作家彼得罗尼乌斯公元 1 世纪时的小说《萨提利克》中的一个角色。他是一位喜爱炫耀的暴发户，以举办奢华的晚宴而闻名，席上他的众多奴隶会端上一道又一道异国风味的美味佳肴。

⑤ 谢里丹（1751—1816 年）：全名为理查德·布林斯利·谢里丹，英裔爱尔兰剧作家和政治家。著有《对手》《丑闻学校》等，其中《丑闻学校》中人物机智、诙谐，被认为是英语中最伟大的礼仪喜剧之一。

些作家时那样开怀大笑吗？西塞罗是一位伟大的演说家，在罗马帝国鼎盛时期登上了历史舞台。英格兰也可以产生政治家，他们在阐述政策时充满了想象力。我就不把这个名单扩展到诗歌、历史领域了，以免各位失去耐心。我只是希望以此证实我对下述说法的怀疑：拉丁文学极其完美地表达了人类生活中的普遍元素。实际上，它不会让人发笑，也几乎不会让人哭泣。

你一定不能把拉丁文学从它所处的语境中剥离出来。它不是希腊和英格兰产生的那种意义上的文学，即表达人类普遍情感的文学。拉丁文学只有一个主题，那便是罗马帝国，欧洲之母罗马；而伟大的巴比伦城，《启示录》的作者却把它描绘成娼妓，并书写了它的厄运：

地上的君王，素来与她行淫、一同奢华的，看见烧她的烟，就必为她哭泣哀号。因怕她的痛苦，就远远地站着说："哀哉！哀哉！巴比伦大城，坚固的城啊，一时之间你的刑罚就来到了。"地上的客商也都为她哭泣悲哀，因为没有人再买他们的货物了；这货物就是金、银、宝石、珍珠、细麻布、紫色料、绸子、朱红色料、各样香木、各样象牙的器皿、各样极宝贵的木头，和铜、铁、汉白玉的器皿，和肉桂、豆

蔻、香料、香膏、乳香、酒、油、细面、麦子、牛、
羊、马、马车，以及奴隶、人口。(《圣经·启示录》
和合本，第 18 章 9—12 节）

这就是早期基督教徒眼中的罗马文明。但后来，基督教本身就是罗马传给欧洲的古代世界中的突出部分，从罗马传递到欧洲。我们继承了东地中海文明的这两个方面。

拉丁文学的作用在于它表现了罗马帝国。当你可以用想象力给英国和法国增加罗马背景时，你就具有了坚实的文化基础。对罗马帝国的理解会将我们带回到地中海文明，罗马文明便是它的最后阶段；这种理解将自然而然地呈现欧洲的地理环境，以及海洋、河流、山脉、平原的作用。在青少年时期的教育中，这种学习的优点在于它的具体性，它启发学生去行动，阐明历史人物一致的伟大之处，包括他们的性格和在历史舞台上的表现。他们的目标是伟大的，他们的优点是伟大的，甚至他们的罪恶也是超乎寻常的。他们拥有救赎蛮力犯罪（用车绳拉罪恶）的功德。离开对"伟大"的耳濡目染，道德教育是不可能的。如果我们不能成就伟大，我们做什么或者问题是什么就都无所谓了。这种伟大感是一种即时的直觉，而不是争论后的一个结论。我们可以理解，青少年在皈依宗教的痛苦中，享有这样的感觉，即自己是一只虫

子而不是人，只要他们还抱有的对于伟大的确信还足以证明神的永恒愤怒是正当的。这种伟大感是道德的根基。我们处于一个民主时代的开端，人类的平等应当在高层面还是低层面上实现，这还是一个有待确定的问题。今天比以往任何时代都更有必要让年轻人拥有罗马的视野：罗马本身就是一出伟大的戏剧，而且它提出的问题比其本身还要伟大。现在，我们已经深入对文学特质的审美欣赏这一主题中了。正是在这里，传统的古典文化教学需要最有力的革新，以适应新的环境。旧的传统沉迷于培养出色的古典文化学者。这种旧传统是冷酷无情的，要求在起始阶段全身心投入语言学习中，然后依靠流行的文学氛围，去获得文学的享受。在 19 世纪下半叶，其他学科挤占了可用的时间。结果，这种教学常常把时间浪费在失败的语言学习上。我常想，正是由于这种挫败感，在顶尖的英国学校里，学生普遍缺乏对知识的热情，这令人无比震惊。学校的古典文化课程必须进行规划，以便达到确定的结果。在培养学者这一雄心勃勃的理想之路上，已经产生了太多失败者。

在从事每一项艺术工作时，我们必须恰当地处理好两个因素，即规模和速度。如果你用显微镜去检查罗马的圣彼得大教堂，这对建筑师来说是不公平的；如果你以一天五行的速度去读《奥德赛》，它也将变得无趣。现在，我们所面临的正是这样的问题。我们要教育的学生，拉丁文永远也不会好到能够快速阅读的程度，而扩展视野则需要大量的阅读，并且要以各个阶段的历史为背景。仔细研究规模和速度，以及我们教学中不同部分之间的相关作用，这似乎是必不可少的。我还想不到有任何文献曾根据学生的心理特征来处理这一问题。这是一个共济会的秘密吗？

我时常注意到，如果在伟大学者们的聚会上提出翻译这个话题，学者们在情感和情绪上的反应，就如同正派人士面对下流的性问题一样。但是，作为一个数学家，我没有什么学者尊严可以失去的，因此，我来谈谈这个问题。

遵循我前面发展出来的整个思路，准确地理解拉丁语词汇的意义，以及观念在语法结构中以何种方式联系在一起，完全理解侧重点不同的拉丁语句子的意思，这些构成了我认为的拉丁语学习的真正价值。因此，任何糊涂含混、忽略语言的精妙细微之处的教学，都将会摧毁我向你们提出的整个理想目标。认为译文的用处是使学生尽可能快地摆脱拉丁语，或者是避免在复杂的句子结构上费工夫，都是错误的。理解的精确和明确，以及独立的分析能力，是整个学习过程中的主要收获。

但是，我们还面临着速度这一不可避免的问题，而且整个课程学习只有短短的四五年时间。每一首诗都不得不在一定的时间内读完。对比、形象和情绪的转换，必须与人的精神节奏变化相一致。这些都有其周期性，不能延展到一定的限制之外。你可以挑选世界上最优秀的诗歌，但如果你以蜗牛般的速度磕磕巴巴地读它，它也将从艺术品沦为一堆垃圾。想想孩子专心阅读著作时的思想状态吧：他读到 as when（正当），然后停下来去查词典；接着他读到了 an eagle（一只鹰），然后又去查词典；接着一段时间又是对句法结构的好奇，如此等等。这会帮助他认识罗马帝国吗？当然，常识会告诉你，你可以获得最好的文学译本，其中很好地保留了原著的魅力和活力，你以正确的速度大声地将它读出来，并加上一些评注，说明你的理解。这时，对拉丁语的攻击就会遭到抵制，因为可以感觉到拉丁语中珍藏着一部生动的艺术作品。

但是，有人会反对说，可悲的是，译本比不上原著。当然是这样，这就是为什么学生得去掌握拉丁语。当你掌握了原文，就可以用适当的速度去读它。我认为，以正确的速度读译本时，可以获得一种最初的整体感；以正确的节奏去读原著时，可以获得对作品整体价值的最终理解。华兹华斯①谈到过，搞科学研究的人"剖析无异于屠刀（murder to dissect）"。与他们相比，过去的

---

① 华兹华斯（1770—1850 年）：英国浪漫主义诗人，与柯勒律治共同出版《抒情歌谣集》（1798），开启了英国文学的浪漫主义时代。自 1843 年担任英国桂冠诗人，直到去世。

古典文化学者才一直是名副其实的谋杀者。美感是热切的、热烈的，应当得到应有的尊敬。但是，我想进一步来说明一下。要传达罗马帝国的视野所需要的拉丁文学，其总体内容比学生在原著中可能获得的要多得多。相比于他们可以阅读的拉丁语原著，他们应当多读一些维吉尔，多读一些卢克莱修，多读一些历史，多读一些西塞罗。在研究一个作家时，选取的拉丁语作品应当启发我们更完整地去发现他的思想世界，尽管我们无法感受到他用母语表达出的那种力量。然而，如果我们一点也不读这个作家的原著，这将是一个巨大的失误。

阅读规模方面的困难，很大程度上在于如何呈现古典文化的历史。呈现给年轻人的每一篇作品都必须立足于特殊、个别的作家。不过，我们希望以此来说明整个时代的一般特征。我们必须让学生通过接触来学习。我们可以通过视觉表现形式来展现过去的生活方式：建筑物的照片，各种雕像，以及花瓶上或壁画上表现宗教神话或家庭生活场景的图案。以这种方式，我们可以将罗马和之前的东地中海文明以及之后的中世纪时期进行比较。让孩子们了解人类是如何改变的，了解人类的外貌、住所、技术、艺术以及宗教信仰的变迁，这是必不可少的。我们必须仿效动物学家们的做法：他们掌握动物界的全部知识，并通过展示典型例证来教学。同样，我们也必须呈现罗马帝国在历史上的地位。

　　人类生活建立在技术、科学、艺术和宗教的基础之上。这四者互相联系，都产生于人类的整体精神活动。但是，科学与技术之间，艺术与宗教之间又存在着尤为紧密的关系。无视这四个潜在的因素，将无法理解任何一种社会结构。现代的一台蒸汽机能够完成古代上千个奴隶的劳动量。对于大多数古代帝国而言，掠夺奴隶是很关键的。现代印刷术对现代民主制来说则是必不可少的辅助。现代精神的关键在于科学的持续进步，以及随之而来的思想观念的转变和技术的发展。在古代世界，美索不达米亚和埃及的兴盛得益于灌溉。但罗马帝国的存在，是由于它当时应用了世界上最广泛的技术：道路、桥梁、沟渠、隧道、下水道、宏伟的建筑、有组织的商业船队、军事科学、冶金术以及农业。这就是罗马文明扩张和保持统一的秘密。我经常想，为什么罗马的工程师没能发明出蒸汽机。如果他们在某个时候发明了蒸汽机，那么世界历史将会完全改写。我将此归因于这样一个事实：他们生活在温暖的气候环境中，并且没有引进茶叶和咖啡。18世纪，有成千上万的人坐在火边，看着他们的水壶沸腾。我们当然都知道，亚历山大的希罗（Hiero）①曾发明了一些小物件。当时罗马的工

_____

① 希罗：古希腊数学家、工程师，在罗马时代活跃于他的家乡埃及的亚历山大，因此又被称为"亚历山大的希罗"。希罗曾发明过一种简单的蒸汽机，利用蒸汽产生动力，他也在文章中描述过这种蒸汽动力装置。

程师们需要的只是让蒸汽动力给他们留下深刻的印象，这在观察水壶沸腾这个不起眼的过程中即可实现。

人类历史与技术的进步性力量之间的恰当关系还有待考察。在过去的一百年中，先进的科学已经与发达的技术相结合，开启了人类历史的新纪元。

相似地，大约在公元前一千年左右，当写作艺术终于流行开来，第一个伟大的文学时代开始了。这项技艺，在其早期朦胧的起源阶段时，被应用于传统宗教文件，以及政府记录和编年史等正式文件。如果以为过去的一项新发明在一出现时就能得到全面应用，这就大错特错了。即使放在今天也不是这样，尽管我们都被训练着要去思考新观念的种种可能性。但是在过去，新奇事物以不同的思想方向缓慢地进入社会体系之中。因此，写作作为保存个体新颖思想的一种促进手段，它在东地中海文明的沿海地带流传缓慢。当希腊人和希伯来人完全掌握了写作技艺时，文明便出现了新的转机；尽管希伯来精神的普遍影响直到一千年后基督教出现时才表现出来。但是，正是在此时，希伯来的先知已经开始记录自己的内心思想，希腊文明也开始形成。

我想说明的是，我们构建罗马图景的背景和前景时需要一种大尺度的历史探究。在这样的大尺度探究中，基于我们传统历史尺度的那种政治事件的连续编年史就完全消失了。即使是口头上的解释，也是部分地涉及背景知识。我们必须使用模型、图片、示意图、图表去展示一些典型例证，以说明技术的发展，以及它对当时生活方式的影响。艺术也同样如此，它将实用因素和宗教因素奇妙地融合到一起，既表达了富有想象力的真实内心生活，也通过这种表达改变了生活。孩子们可以看到以模型和图片形式展现出来的前代的艺术，有时还可以在博物馆里看到实物。对待过去的历史一定不能从一般化的陈述开始，而应从能展现时代、生活方式和民族缓慢变迁的具体实例开始。

当我们转向东地中海的文学文化时，也必须同样从处理具体实例开始。经过思考你会发现，所有关于古典文化重要性的论断都要依靠这一基础，即第一手的知识是无可替代的。希腊和罗马是欧洲文明的创造者，就此而言，历史知识首先意味着关于希腊、罗马思想的第一手知识。因此，为了正确了解罗马图景，我极力主张学生应当直接阅读一些希腊文学。当然，它们必须是翻译过来的。但是，我会选取希腊原作的译文，而不是英国人所写的关于希腊的文字，不管他写得有多出色。在了解了一些关于希腊的直接知识之后，接下来才应当去读关于希腊的著作。

我所说的这种阅读是指，用韵文翻译过来的《奥德赛》，一

些希罗多德（Herodotus）① 的著作，由吉尔伯特·默里（Gilbert
Murray）② 翻译的戏剧中的合唱，普鲁塔克（Plutarch）③ 的一些传
记作品，尤其是叙述阿基米德在马塞勒斯（Marcellus）④ 执政期
间的生活，以及欧几里得《几何原本》中的定义、公理和一两个
命题——这些要去读希思（Heath）⑤ 准确的学术性译本。在所有
这些阅读中，需要进行充分讲解以理解这些作者的精神世界。罗
马帝国对于欧洲有着不可思议的影响，这源于这样一个事实：它
给我们留下了双重遗产。它接受了希伯来的宗教思想，将其与希

---

① 希罗多德（约前 484—约前 425 年）：古希腊历史学家、地理学家。他
是第一位对历史事件进行系统调查的历史学家，在著名的《历史》中对希
波战争做了详细描述，被古罗马哲学家西塞罗誉为"历史之父"。
② 吉尔伯特·默里（1866—1957 年）：英国古典学者，古希腊语言和文
化的杰出研究者，是 20 世纪上半叶这一研究领域的主要权威。他翻译了
几乎所有的古希腊戏剧经典，尤其以对其中诗歌的翻译而闻名，在当时很
受欢迎和推崇。
③ 普鲁塔克（约 46—119 年）：希腊哲学家、历史学家、传记作家。最著
名的传记作品《平行生活》是关于一系列杰出的希腊人和罗马人的传记，
其中阐明了他们共同的道德美德和恶习，因此更像是对人性的洞察，而不
是历史记载。
④ 马塞勒斯（约公元前 270—公元前 208 年）：罗马军事领袖，曾五次当
选罗马共和国执政官。公元前 213—公元前 212 年，罗马共和国长时间围
攻锡拉丘兹，后者则以阿基米德发明的武器自卫。尽管马塞勒斯下令不要
伤害阿基米德，但是城市被攻破时，阿基米德仍然被士兵杀害。普鲁塔克
在《平行生活》中对此有所记载。
⑤ 希思（1861—1940 年）：全名为托马斯·利特尔·希思，英国数学家、
古典学者、翻译家。他曾将欧几里得、阿基米德等人的作品翻译成英文。

腊文明相融合并传播到了欧洲。罗马本身代表了将不同的活跃因素变得有序和统一的文明特征。罗马法体现了罗马人之所以伟大的奥秘，即在一个森严的帝国结构中对与人性相关的权利保有一种斯多葛式的尊重。欧洲总是因为其继承的各种冲突性因素而四分五裂，但又因为它从未摆脱从罗马接受的统一精神，因此又能联合起来。欧洲的历史就是罗马对希伯来和希腊兼容并包的历史，调和二者在宗教、科学、艺术、追求物质享受和统治欲望等各方面的不同冲动，而他们在这种种方面都彼此针锋相对。罗马图景就是文明统一的图景。

第
6
章

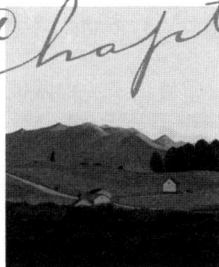

数学课程

如果不向前追溯若干世纪，考察中世纪学习传统的中断，就无法为目前的教育状况找到参照物。那时候正如现在一样，传统的知识观尽管仍然保留着正当的权威性，但对人类的兴趣来说已经显得太狭隘了。人类兴趣的转变，要求教育基础也要做出相应的改变，这样才能让学生适应那些在日后生活中实际占据大脑的观念。人类社会的知识观念产生任何重要的改变，都必须继之以教育革命。由于既得利益的驱使，或者由于一些思想领袖热情依恋在易受精神影响的早年所接受的不断循环的观念，这种教育革命可能会延搁一代人之久。但是，有一个教育规律是无法阻挡的：教育要想保有生命力和富有成效，就必须努力让学生了解那些观念，以帮助他们养成能够把握时代思潮的能力。

　　成功的教育体系没有存在于真空中的，也就是说，教育不可能与现存的知识氛围没有直接接触。与现代背道而驰的教育，它的命运如同所有趋向衰亡的有机体一样。

　　但是，"现代"这个神圣的词并不能真正解决我们的困难。我们的意思是，无论是在观念的传授中，还是在能力的培养上，要与现代思想相关。从这个意义上讲，昨天才发现的事物可能也未必是真正现代的。它也许属于早先流行的一些过时的思想体系，或者更可能发生的情形是，它太过深奥。当我们要求教育应当与现代思想相关时，我们指的是在文明社会中广泛传播的思想。深奥的科目并不宜被安排到普通教育中，这正是我今天下午想要在演讲中阐述的主旨。

实际上，这对数学家来说是一个相当棘手的问题。门外汉常常指责数学科目太深奥了。让我们立即迎难而上，并坦率承认：在一般人看来，数学的确是一门非常典型的深奥科目。用"深奥"这个词，我并不是指困难，而是说其中涉及的概念有着非常特别的应用领域，并且很少会影响到人们的思想。

这种深奥的倾向是一种典型的罪恶，会摧毁数学在通识教育中的效用。只要我们坚持数学在教育中的作用，我们就必须默认，到目前为止，在一般受教育者中，人们所获得的数学知识处于可悲的低级水平。我渴望扩大数学的教育范围，在这一点上，我是不会向任何人让步的。达到这一目的的方式，并不是单纯盲目地要求人们学习更多的数学。我们必须正视阻碍数学广泛运用的真正困难。

数学深奥吗？现在，整体来看，我想是这样的。"世界的裁决是决定性的（Securus judicat orbis terrarum）"——人们的普遍看法是正确的。

就存在于数学教科书和人们脑海中的数学来说，这一科目是深奥的。它从一般概念中推导出无数的特别结论，每个结论都比之前的结论更深奥。我今天下午的任务，不是要辩护说数学是一门需要深入研究的科目，它自身就足以证明这一点了。我想强调的是，这门学科给学生带来快乐的原因，也正是它在教育中的作用受到妨碍的原因，即从普遍性定理的相互关系中，可以推导出无穷的推论。这些推论既复杂，又与论证开始时所立足的概念相去甚远；还需要运用多种方法，这些方法具有纯粹的抽象性，这种抽象性给我们带来了永恒的真理，这是它给予我们的馈赠。

当然，所有这些特性对学生来说都具有极其珍贵的价值。多年来，它们深深地吸引了一些最敏锐的智者。我只想评论一句，除那些精心挑选出来的学生之外，这些特性在教育上是致命的。如果细节与重要概念或普遍思想没有明显的关联，学生们会对层出不穷的此类细节感到困惑。为了教育的利益，最不应该做的事情就是，为了让学生获得更多细节知识而进行训练。

我们得到的结论是，数学，如果要运用到普通教育中的话，必须经过严格的选择和调整。显然，我并不是说，无论我们在这个科目上投入多少时间，资质平平的学生都不会走得太远。但是，不管进步多么有限，这一科目的某种特性必须被严格地排除，尽管这种特性在任何阶段都是自然存在的。这门科学呈现给年轻学生的必不能是它深奥的一面。它必须能直接而简洁地处理一些影响深远的重要的普遍概念。

现在，在数学教学改革这件事上，当前这一代教师完全有理由为他们的成就感到自豪。这场改革展现出了巨大的活力，在如此短暂的时间里所达到的成就，已超出了我们的预期。改变确立已久的、依托公共考试而存在的课程体系，我们并不是总能意识到这一任务的困难程度。

但是，尽管如此，我们还是取得了巨大的进步，即便保守地看待这次改革，我们也已经打破了古老、僵死的教学传统。今天下午，我想强调的是重建数学教育的指导思想。我前面已经把它归结为一句话，即我们必须把数学教育中深奥的一面去除。

我们设计的教学课程，应当深入浅出地阐述一系列明显重要的概念。其他所有离题的内容都应当被严格地排除在外，即便它们十分有趣。我们需要达成的目标，是让学生熟悉抽象思维，意识到如何将抽象思维运用到特定的具体情境中，知道如何用一般性的方法进行逻辑研究。对于这一教育理想而言，最糟糕的情形莫过于在教科书中毫无目的地堆积公式定理，这些公式定理之所以能在书中有一席之地，仅仅是因为孩子们要被迫去学习它们，并且方便考官们出题。书本上需要学习的知识，应当都是能够阐释概念的至关重要的内容。书中设置的例子——教师觉得有必要之处，可以提供足够多的例子——应当直接阐释定理，无论是通过抽象的特例总结出定理，还是通过在具体情境中应用定理。在这里，值得注意的是，如果考试中设置的题目实际上需要学生掌握更深奥的细节知识，那么精简书本知识是完全无用的。我们有一个错误观念，认为难题考察的是能力和天分，书本知识考察的是死记硬背。我的经验与此不同。只有那些为了奖学金而专门去死记硬背的学生，才能成功地做完考卷。书本知识如果不像通常糟糕的内容设计那样将知识切割成碎片，通过得当的设置，再辅以直接的例证，就能很好地考查学生的能力。当然，考试对教学的不良影响算是题外话了。

构成数学根基的那些主要概念一点儿也不深奥。它们是抽象的。但是，在通识教育中，数学包含的主要目标之一就是训练学生处理抽象概念的能力。这门科学包含了大量初始的抽象概念，这些抽象概念以精确的形式自然地出现在大脑中。为达到教育的目的，数学中包含了数的关系、数量关系以及空间关系。这不是对数学的一般定义，在我看来，数学是一门更具普遍性的科学。但是，我们现在讨论的是数学在教育中的作用。刚刚提到的这三组关系，涉及数、数量和空间，它们是相互联系的。

在这个阶段的教育中，我们从特殊走向一般。因此，孩子们应该通过一些简单的例子，学习使用这些概念。我的观点是这样的：我们的目标不是无目的地积累积特定的数学定理，而应当是为了最终认识到，之前若干年的学习阐明的是这些数、数量和空间的关系，这些关系才是最根本的。这样一种训练应当成为所有哲学思维的基础。事实上，设计得当的初等数学，就能够提供一般大脑能够掌握的哲学训练。但是，无论如何我们都应避免积累无意义的知识细节。你想要加入多少实例就加入多少，让孩子们在多个学期或多个学年中学习这些实例。但是，这些实例应当直接说明数学的主要概念。通过这种方式，也只能通过这种方式，才可以避免陷入致命的深奥陷阱。

我现在不是针对那些想要成为专业数学家的人，或者那些出于职业原因需要了解某些数学细节知识的人。我们考虑的是针对所有学生的通识教育，也包括以上这两种人。数学的普遍用途，应当是简单学习一些普遍真理，这些真理能够通过实际例子进行充分说明。这种学习应当自成体系，并在概念上与上面提到的专业研究完全分开，这也可以为专业研究做好所需的准备。它的最后阶段应当是对普遍真理的认识，而这些真理已经在我们完成的学习中得到了说明。据我所知，目前，这一最后阶段是证明与三角形相关的圆的某些特性。这些特性对数学家来说是极其有趣的。但它们不是相当深奥吗？这些定理与通识教育理想有什么确切的关系呢？学生在古典教育中学到的语法，最终是为了去阅读维吉尔和贺拉斯这些伟大人物的伟大思想。当我们要求在数学教育中充分展现我们的学科时，我们能否自得地宣称，数学训练的最终目的是让学生掌握九点圆的性质？我坦率地问诸位，这难道不是一种"倒退"吗？

在重新整顿数学教学方面，这一代的数学老师已经做了非常多的积极工作，因此，我们应当对他们能够精心制作出一份课程表抱有信心，这些课程应当能在学生的脑海中留下比"二义性（ambiguous case）"更高级的东西。

让我们想一想，结束基础课程时，怎样进行总复习才能引导比较聪明的学生。有一部分是确定无疑的，即对所有的学习内容进行一个总体回顾，不必过分强调细节，而要强调一般概念的应用，以及它们在进一步学习中的价值。解析几何的思想也会在物理实验中得到直接的应用，简单的实验力学课程应当会涉及这一点。在这里，观点是双重的，即物理概念和数学概念，二者相互阐释。

数学概念对于精确阐述力学定律是必不可少的。对学生而言，有了数学概念后，下面这些内容实际上就变得显而易见了：自然法则的精确概念，这些自然法则在多大程度上能在实际经验中得到验证，抽象思维在这些法则的精确表述过程中起到什么样的作用。当然，这个主题需要详细地展开，再加上充分的具体说明，仅仅做一些空洞的抽象表述是不够的。

然而，过于强调通过最终复习来直接说明之前的学习内容，将是一个严重的错误。我的观点是，课程的后半部分应当是精心挑选的，这样才能突出之前所学的基础性的一般概念。通过明确地引入一个新的学习主题，可以很好地做到这一点。例如，数量概念和数的概念是所有精确思维的根本。在之前的学习阶段，它们没有得到清晰的区分；孩子们被带入代数领域，这是非常正确的决定，因为这时他们不会有太多的困扰，所学的数量概念也有限。但是，在课程结束时，较聪明的学生会从总体上细致考虑一般数量的基本特性——这是通向数值测量的入门知识——从而获得更深入的了解。这个主题也有一个优势，即必要的参考书籍唾手可得。那些有资格评判的人认为，欧几里得的第五本著作是希腊数学的一个伟大成就。这本书处理的正是这个主题。这本书一直被忽略，再也没有什么比这一事实更能反映传统数学教育那无可救药的偏狭特性了。这本书处理的是概念，因此受到了排斥。在运用这部著作时，我们当然需要从中仔细挑选那些重要的命题，仔细地修正其中的论证过程。我们不需要学习整本书，只需选择少数几个能体现基本概念的命题即可。这个主题不适合愚钝的学生，但是它可以激发优秀学生的兴趣。至于数量的性质，以及我们在处理数量知识时所运用的检验方法，还可以进行许多有趣的讨论。这方面的教学不是空中楼阁，而是需要在每个阶段都参照实际案例加以说明，在这些案例中，数量特性可能是欠缺的，模糊的、可疑的或者是明显的。温度、热量、电流、快乐与痛苦、质量和距离，这些都可以纳入考虑范围。

另一个需要解释的概念是函数。代数分析中用到的函数，对应的是物理定律以及几何学中的曲线。孩子们在学习代数时，一开始就学过函数与曲线的关系，即画曲线图。近些年，图形教学方面有了重大的改革。但是，就改革的现状来看，有些方面改得太过了，有些改得还不够。仅仅学习画图是不够的。要想让图形起到教学作用，图形背后的概念才是本质，就如枪后面的持枪人才是关键。目前有种不良倾向，只让孩子们去画图，而偏离了整体问题。

在学习简单的代数函数和三角函数时，我们也就开始了对物理定律的精确表达的学习。曲线是表示这些定律的另一种方式。一些简单的基本定律，比如平方反比律和直接距离，应当在复习中省略，我们应当去考虑运用简单的函数来表达重要且具体的物理定律的实例。我不禁想到，这一主题的最终复习也许可以采用以下形式：学习一些运用在简单曲线中的微分学的主要概念。关于变化率的概念，没有什么特别难的；x 的几次幂的区分，比如 x^2、x^3 等，很容易实现；也许，借助几何学，甚至 $\sin x$ 与 $\cos x$ 也很容易区分。一旦抛弃我们的致命习惯，即把孩子们并不理解也永远不会用到的定理灌输给他们，我们就有充足的时间让他们把注意力集中到真正重要的主题上，就可以让他们去熟悉那些真正影响思维的概念。

在结束这个关于物理定律和数学函数的主题之前，还有一些其他的问题需要注意。精确的定律从来不能通过完全精确的观察而得到真正的验证，这一点很容易说明，并能找到很好的例子。再者，统计规律，即一般而言只有大量数据才能体现的规律，也容易研究和说明。实际上，稍微学些统计方法，并学会将其应用到社会现象中，就可以得到运用代数思想的一个最简单的例子。

学生归纳所学内容的另一种方式是利用数学史，不能把数学史看作一堆日期和人名的集合，它实际上呈现了思想的一般趋势，这种趋势使得要学习的主题在一开始被阐述时就成为令人感兴趣的对象。我现在只是请大家注意数学史，指出或许正是这门学科，可以圆满获得我所期望的效果。

我们已经说明了两个主要主题，即关于数量和自然规律的一般概念，这应当是通识教育中数学课程的学习目标。但是，数学还有不能忽略的另一面，它还是逻辑方法的主要训练工具。

那么，什么是逻辑方法？人们如何在这方面得到训练？

逻辑方法不只是关于有效推理形式的纯粹知识，也不只是遵循这些推理形式所进行的思维集中练习。如果它仅限于此的话，它仍然是很重要的；因为在过去的年代里，人类大脑的进化不是为了推理，而只是让人类能够获得更多的技艺，以便能在两餐之间获取更多新鲜的食物。因此，不经过相当多的练习，很少有人能够获得严密的推理能力。

要成为一个好的推理者，或者甚至要启发一般人，让他们知道推理这项技艺的本质是什么，那所要做的事情不止于此。推理技艺包含正确把握主题，抓住能阐明整体的少数几个一般概念，并坚持不懈地整理围绕这些概念的所有次要事实。除非通过不断的练习，认识到把握主要概念以及牢牢抓住它们的重要性，否则没有人能成为一个好的推理者。就这种训练而言，我认为几何比代数更合适。代数的思维领域相当模糊，而空间则对所有人来说都是显而易见的。然后，简化或抽象化的过程本身便成为了一种教育，所有不相关的事物属性，比如颜色、味道、重量都被放到了一边。此外，定义以及没有得到证明的假设命题，都说明了主题的基本事实和它们之间的关系，都有必要形成清晰的概念。所有这些仅仅是逻辑方法这一科目的绪论。当我们深入学习时，它的魅力就增长了。学习者起初所面对的不是什么符号体系，符号体系的规则无论多么简单，都会干扰学习者的记忆。而且，推理如果得到适当引导，那么它从一开始就会被引导每个发展阶段的概念支配。因此，逻辑方法的本质就得到了直接的例证。

现在，让我们暂时抛开普通学生由于愚钝而引起的限制，以及其他科目造成的时间压力，考虑一下几何学在通识教育中需要提供什么样的滋养。我将在这个科目中划分出一些阶段，当然这并不是说必须按照这种唯一的顺序来学习。第一个阶段是学习全等知识。在实践中，我们对全等的认知取决于我们的某种判断，即当外部环境发生变化时，物体具有一些恒定不变的内在特性。但是，不管这种认知是如何出现的，全等本质上是两个空间区域点对点式的关联，因此所有相应的距离和所有相应的角度都是相等的。值得注意的是，长度和角度相等，它们就是全等的，所有关于相等的测量方法，比如使用码尺等进行测量，只不过是快速判断全等的更容易的方法。我说这些只是想表明，除了与推理相关之外，全等，不管是作为一个比较宽泛、影响深远的概念，还是就其本身的重要性而言，都是很值得思考的。与全等相关的命题说明了三角形、平行四边形和圆的基本属性，以及两个平面之间的相互关系。在进行学习时，将这部分知识中已被证明的命题限定在最小的范围内，是非常可取的做法；为此，一方面可以额外假定一些公理性命题，另一方面只引入那些至关重要的命题。

第二个阶段是学习相似性知识。这部分可以被缩减为三到四个基本命题。相似是全等概念的扩展，正如全等一样，它是空间中点与点之间一对一关系的另一个例子。在这一主题的学习中，可以沿着如下的方向进行拓展：考察两个相似的和处于相似位置的直线图形的一两个简单属性。关于相似性的全部知识都可以直接应用到绘制平面图和地图方面。不过，重要的是记住一点，即三角学其实是一种方法，通过这种方法，主要的定理都可以得到应用。

第三个阶段是学习三角原理。这是对由旋转引出的周期性的学习，也是对相似图形相互关联的特有性质的学习。在这里，我们第一次介绍如何基于数和数量的学习初步应用代数分析。函数周期性的意义需要给予充分的说明。解决三角函数问题以及将其应用于测量中，恰恰都需要用到最简单的函数特性。公式本身往往是重要的，但对于当前这种学习，它却是毫无用处的，我们应当严格地把遍布于教材中这些公式排除在外，除非它们能被学生证明可以作为课本知识的直接例证。

学习三角学的例子就是把公式排除在课本外的最好例证。当然，我可能给出一个不恰当的例子，导致我给出的判断是错误的。

学习三角学这个科目的优点，很大一部分可以如此获得：把学习限定在分析一个角的三角函数，把正弦、余弦和两角之和等附加公式排除在外。函数可以用曲线图来表示，这样就可以解决三角形的问题了。因此，几何学这门学科包含了如下内容：（1）从全等和相似中推导出一些定理，通过分析体现其直接结果；（2）解决测量中遇到的主要问题；（3）为表示周期性和波动，学习其所需要的基本函数。通过书本学习和例证，这些都将在学生的脑海中留下印象。

如果希望拓展这门课程，应当增加一些额外的公式。但是必须格外小心，要避免让学生在训练中专门去研究公式的价值。我用"避免"这个词，意思是说学生不应该花费时间或精力去学习公式推理的能力。教师可能会发现在班上演示几个这样的例子是有趣的。但是，这些不是学生需要记住的。而且，我会把外接圆、内切圆这一整个主题从三角函数和之前的几何学课程中排除出去。这个主题的内容都是很好的，但我不明白它在非专业性的基础课程中有何作用。

因此，这一科目的实际书本学习就被缩减到非常可控的比例之内。前几天我得知，在一所美国大学中，仅仅是三角学这一门课程，学生就需要记住 90 个公式或结果。相比之下，我们还没有那么糟糕。实际上，就三角学的基础课程而言，我们差不多已经接近这里所勾画的理想了。

第四个阶段是引入解析几何。代数中关于图表的学习已经用到了解析几何的基本概念，现在所需的只是一门经过严格删减的课程，其内容是以方程式的形式来界定直线、圆和三种类型的圆锥曲线。在这一点上，要作两个说明。第一个说明是，教给学生一些我们并未证明的数学知识，通常是可取的。例如，在坐标几何中，一般二次方程的化简或许超出了我们所考虑的大多数学生的能力水平。但是，这并不妨碍我们去解释圆锥曲线的基本位置，因为我们已经详尽研究了这类曲线的各种可能类型。

第二个说明是，主张完全不要把"几何圆锥曲线"作为一门独立的学科。当然，在适当的情形中，在一些简单图形中运用直接推导法，会让解析几何中的分析更加轻松。但是，当它通过焦点和准线的性质从圆锥曲线的定义中发展而来时，圆锥曲线的缺陷是显而易见的。它的深奥是令人绝望的。圆锥曲线的基本定义是 $SP = e.PM$，就解析几何这个阶段的学习而言，这个定义通常是完全不合适的。它非常深奥，而且没有明显的价值。究竟为什么要学习这些曲线，而不是学习由无数的其他公式所界定的那些知识呢？但是，当我们开始学习笛卡儿的方法[1]时，一次方程和二次方程自然就是首先需要考虑的事。

在理想的几何学课程中，第五个阶段的学习内容是射影几何的基本原理。这里的基础是交比（cross ratio）和投射的一般概念。投射还是一一对应关系的一个更普遍的实例，在全等和相似部分我们已经考虑过这种关系。这里，我们必须还要避免陷入大量复杂的细节之中。

射影几何要说明的知识概念是，在推理中，所有情况的相关性都很重要，因为这些情况可以证明它们共同拥有某些相同的属性。这个科目的一个重要的教育理念，是保留投射中的投射特性。交比只是作为基本的测量特性而被保留下来的。根据这一步骤，我们可以考虑选择几个命题去说明两个相互关联的过程。一个是简化证明。这里的简化是心理上的，不是逻辑上的，因为一般的情形从逻辑上来讲是最简单的。也就是说，通过分析我们最熟悉或最易思考的情形来进行证明。另一个过程是，一旦我们掌握发现这些例子的方式或验证它们的标准，就可以由已知的普遍真理推导出特殊的例子。

---

[1] 笛卡儿的方法是指引入笛卡儿坐标来研究圆锥曲线，将其描述为点坐标的方程形式，其一般公式为 $Ax^2+Bxy+Cy^2+Dx+Ey+F=0$，所有系数都是实数，且 A、B、C 不全为 0。这一方法涉及一次方程和二次方程。

圆锥曲线的投射定义，与从一般二次方程中所获得的曲线结果的一致性，这些都是能够简单阐述的，但是这些知识却是这个科目的边缘内容。学习这种主题可以提供某些知识，但是证明起来比较困难。

我在这里所设想的几何学课程，内容并不多，也是完全理想化的——理想可能永远都不会实现。在每个阶段的书本学习中，数学推理所占的实际比重是很小的。但是应该补充更多的解释，每个命题的重要性都应通过例子来说明，不管是已经解决的还是让学生去解决的例子，都应严格挑选，以表明它所适用的思维领域。通过这样一门课程，学生可以学会分析重要的空间特性，并掌握调查研究的主要方法。

如果按照这种精神来构思数学基本原理的学习，将会形成一种逻辑方法上的训练，同时还会让学生获得一些精确的概念，这些概念构成了对宇宙进行科学和哲学考察的基础。在数学教学上继续进行这种良好的改革——这一代人已经做到了——以便在课程中容纳更广泛、更具有哲理的精神，这容易做到吗？坦率地说，我觉得这一目标很难通过个人的努力去实现。原因我已经大致提到了，即教育上的所有改革都是很难取得成效的。但是，假如这一教育理想确实被大多数教师接受的话，那么，不断地进行共同的努力，我们就可以做到更多，最终也会获得令人惊讶的改革效果。教师们会逐渐编写出必要的教材，考试也会逐步得到改革，这样，教学的重点会转向数学科目中不那么技术性的方面。所有近来的经验都已表明，大多数教师都非常愿意接受任何切实可行的教学方式，把这个科目从"一种机械的训练"的指责中拯救出来。

第

7

章

Chapter

大学及其作用

一

　　在当前这个时代，大学的扩张是社会生活中的一个显著特征。所有的国家都出现了这一现象，尤其是在美国，它也因此独占鳌头。不过，即使是好运带来的礼物也可能令人不知所措。大学的这种发展——表现在大学的数量、规模、内部组织的复杂性等方面——暴露出了某种危险，即对大学的基本功能缺乏广泛的理解，大学的真正作用也就会被破坏，而这些基本功能正是大学服务于一个国家时应当承担的。就重新考虑大学功能的必要性而言，上面的这些话适用于所有比较发达的国家。尤其适用于美国，因为这个国家在大学发展中独领风骚，如果能得到明智的引导，这种发展或许会是文明向前迈出的最幸运的一步。

　　这篇文章将只探讨最普遍的原则，尽管在任何一所大学里，不同院系中都有不计其数的特别问题。但是，一般性的论述需要例证进行说明，为此，我以一所大学的商学院为例。我之所以选择商学院，是出于这样的事实考虑，即商学院代表了大学教育中较新的发展趋势。它们也与现代国家中占主导地位的社会活动密切相关，因此，它们提供了绝佳的例证，帮助我们去考察大学教育应当以何种方式影响国民生活。在哈佛大学——我很荣幸能够在那里任教——气势恢宏的商学院也刚刚竣工。

作为世界上为数不多的一流名校，为培养人才的学院提供如此巨大规模的支持，还是一件新奇之事。在过去的很多年中，类似的商学院被普遍引入美国的大学中，而哈佛商学院则标志着这场运动的高潮。这是大学中出现的一个新现象，它本身就证明了我们需要对大学教育的目的做一些总体性的反思，反思大学对社会福祉的重要价值。

商学院的新奇性一定不能被夸大。大学绝不能被限定于对纯粹抽象理论的学习。意大利萨勒诺大学（University of Salerno）是欧洲最早的大学，就曾致力于医学。在英格兰，剑桥大学 1316 年成立了一个学院，专门培养“为国王服务的办事员”。大学曾经培养神职人员、医学人才、律师和工程师。现在，商业是一个高度知识化的职业，因此它充分地融入这一体系之中。不过，商学院中有一点是新颖的：适用于商学院的课程，以及这类学院的不同教育模式，这些都还处于实验阶段。因此，重申与创办这些学院相关的一般性教育原则，就显得特别重要。不过，如果我打算考虑一些细节，或者考虑影响人才培养整体平衡的教育政策，那也只是我的推测。在这类问题上，我没有专业知识，因此，也谈不上建议。

二

大学是实施教育的地方，也是从事研究的地方。但大学存在的主要理由，既不是纯粹向学生传播知识，也不是仅仅为教员们提供研究的机会。

这两种作用都可以用更廉价的方式实现，而不需要大学这样非常昂贵的机构。书籍是便宜的，而且学徒制也很好理解。如果就纯粹传授知识而言，自15世纪印刷术普及以来，大学就没有存在的理由。然而，建立大学的主要动力恰恰出现在15世纪之后，到了近代甚至还更加强劲了。

大学存在的理由在于，它使年轻人和老年人联合起来，共同对学术进行充满想象力的探索，从而维持了知识与生活热情之间的联系。大学传授知识，但它是富有想象力地传授知识。至少，这是它应当对社会做出的贡献。如果大学做不到这一点，就没有理由存在。这种令人兴奋的知识氛围产生于想象性的探索，它让知识发生了转变。事实不再是单纯的事实，它被赋予了无限的可能性。它不再是记忆的负担，它作为诗人来活跃我们的梦想，作为建筑师来构筑我们的目标。

想象不能脱离事实，它是阐明事实的一种方式。它总结出适用于已存在的事实的普遍性原则，然后对符合这些原则的其他可能性进行理智探究。它使人们得以理性地构建一个新世界的蓝图，通过提出合理的人生目标，从而维持对生活的热情。

年轻人是富有想象力的，如果通过训练来强化这种想象力，那么，想象力在很大程度上可以保持终生。这个世界的悲剧在于，那些富有想象力的人缺乏经验，而那些有经验的人却想象力贫乏。愚蠢的人仅凭想象而不靠知识去行动，书呆子则仅凭知识而不靠想象力去行动。大学的任务便是将想象力与经验结合起来。

在充满活力的年轻时期，最初的想象力训练并不要求立即行动起来。当每天都有要遵从的任务以维持一个组织机构时，就不可能养成无偏见的思维习惯，就无法从一般原则出发来认识各种理想的范例。无论是正确还是错误，你必须有思考的自由，自由地欣赏宇宙万象而不受危险因素的干扰。

关于大学的一般作用的这些思考，可以立即根据商学院的特殊功能来理解。我们不必在如下的主张面前退缩：商学院的主要功能是培养对商业怀有极大热情的人。认为生活的热情源于狭隘的物质享受，是平庸生活目标的产物，这便是对人性的污蔑。人类的开拓天性，以及许多其他方面，都宣告了这一谎言的错误。

在复杂的现代社会结构中，生活的冒险不能与智力的冒险割裂开来。在比较简单的环境中，开拓者可以凭借其直觉的冲动，直达山顶领略风景。但是，在现代商业的复杂组织中，在任何成功的重组之前，必须先进行分析和想象力重建的智力冒险。在比较简单的世界中，商业关系是较为简单的，它基于人与人之间的直接接触，以及直接面对所有相关的物质环境。今天，商业组织需要运用想象来把握不同职业的人群心理，这些人散布在城市、山川、平原、海洋、矿山、森林里。需要运用想象去把握热带、温带地区的环境。需要运用想象把握宏大组织中环环相扣的利益关系，以及当其中一个因素发生了改变，整个复合体会做出怎样的反应。需要运用想象理解政治经济学的原理，不仅仅是抽象的理解，而是要有能力根据具体业务的特殊情况去分析这些原理。需要具备一些关于政府行为的知识，并且了解这些行为在不同的条件下会发生哪些变化。需要用充满想象力的视野去看任何人类组织的约束力，用充满同情的眼光看待人性的局限，以及哪些条件可以唤起员工的忠诚。要了解健康和疲劳规律的知识，以及如何使身体维持在可靠状态。需要运用想象理解工厂的状况具有哪些社会影响。要对应用科学在现代社会中的作用有充分的了解。

需要训练这样的性格：懂得对其他人说"好"和"不"的原则，不是出于盲目的固执己见，而是出于理智评估相关可选方案后的一种坚定选择。

大学培育了我们文明社会中的知识先驱——神父、律师、政治家、医生、科学家和文人。大学也孕育了理想，引导人们去面对他们所处时代的思想困惑。那些清教徒移民先辈们离开英格兰，根据他们宗教信仰的理想建立了一个国家。他们早期的一个行动便是创建了哈佛大学，并以英国古老的理想之地——剑桥（Cambridge）——为之命名，他们中的许多人都在剑桥大学接受过教育。现在的商业行为需要理智的想象，就如过去从事其他行业一样。大学便是这样的组织，它曾为欧洲民族的进步提供了这种智力支持。

在中世纪早期，大学的起源是模糊的，几乎未引起人们的注意。它们是逐步自然发展起来的。但是，大学的存在是整个欧洲在诸多领域里获得持续、快速进步的原因。以大学为中介，行动的冒险与思想的冒险相遇了。要提前预言这类机构将获得成功是不可能的。即使是现在，还有诸多不完美的事物，有时候人们也难以理解大学为何可以成功运作。当然，大学的发展过程中也有很多失败之处。但是，如果我们用广泛的视野去看历史，就会发现大学的成功是非凡的，而且几乎是始终如一的。意大利、法国、德国、荷兰、苏格兰、英格兰、美国，这些国家的文化史都可以为大学的影响力提供证明。我这里所说的"文化史"，主要不是指学者的生活，而是指某些人充满活力的生活——他们在法国、德国和其他国家留下了人类成就的印记，增添了生活的热情，构成了我们的爱国精神。一个能做出此类成就的社会，我们乐意成为其中一员。

有一个巨大的困难会阻碍人类所有的高级智力活动。在现代，这一困难导致不幸的可能性甚至增加了。在任何大型组织中，年轻人作为新手必须服从命令，完成确定的职责。没有哪个大公司的董事长会在办公室里召见最年轻的员工，并把公司最重要的工作分配给他。年轻人只能按照固定常规去工作，只在董事长出入办公楼的时候才会偶然见到。此类工作是一种很好的训练，它可以传授知识，并且可以磨炼出可靠的品格；它也是年轻人在新手阶段唯一适合的工作，雇佣他们也是为了做此类工作。对这种惯例，没有什么可批评的，但是它可能会产生一个不幸的后果——长时间的常规工作会使人的想象力变得迟钝。

结果，职业后期阶段所必需的品质，常常在早期阶段就被磨灭了。这不过是一个例子，说明了更普遍的事实：必要的技术才能只能通过训练而获得，这种训练又常常毁掉了大脑的活力，而这些大脑本该是指导专门技术的。这就是教育中存在的重要事实，教育的大部分困难也源于此。

大学应当致力于为人们的智力生涯（比如现代商业或那些古老的职业）做准备，其方式是通过激发丰富的想象力，以思考职业背后的各种普遍原则。这样，大学培养的学生进入他们的技术学徒期时，这种将细节与普遍原则相联系的想象力已经得到了训练。于是，常规的工作程序获得了意义，也阐明了赋予它意义的普遍原则。因此，得到适当训练的人，不会因为满足于单调沉闷的工作而导致盲目地墨守成规，而是有望获得某种想象力，这种想象力要通过细节知识和必要的习惯才能训练出来。

因此，大学的恰当作用是用充满想象力的方式获取知识。除了这种想象力的重要性之外，商人和其他职业人士没有理由不根据特定场合一点点地掌握所需的知识。大学应当是富有想象力的，否则它什么都不是，至少不是什么有用的东西。

三

想象力是一种"传染病"。它不能以码去测量，或者以磅去称重，然后由教师传递给学生。它只能由那些用想象力来阐释学识的教师去传播。我这么说，只是重申了最古老的一个观察而已。两千多年前，古人就把学问比作代代相传的火炬。那个燃烧的火炬就是我所说的想象力。组织一所大学的全部技艺，就在于培养用想象力照亮学习的教师队伍。这是大学教育所有问题的重中之重，除非我们注意到这一点，否则，大学最近在学生数量和活动种类方面的急剧扩张——对于这种扩张我们有理由感到自豪——就会由于对这一问题的不当处理而产生错误的结果。

想象力和学习的结合，通常需要一些闲暇，需要摆脱约束，需要摆脱忧愁的不断侵扰，需要各种各样的经验，还需要其他一些拥有不同主张和知识储备的人的刺激。此外，还需要求知欲带来的兴奋，以及自信，这种自信源自对周边社会取得知识进步而产生的自豪之情。想象力无法一劳永逸地获得，然后被无限期地保存在冰柜中，定期定量支取出来。博学而富有想象力的生活是一种生活方式，不是一件商品。

大学应当为有能力的教师提供这些条件并让他们利用这些条件，使教育和研究这两种功能在大学中结合起来。你希望你的教师充满想象力吗？那就鼓励他们做研究吧。你希望你的研究者充满想象力吗？那就让他们在智力上支持那些处于人生中最热切、最有想象力阶段的年轻人吧，此时这些年轻人的智力正在进入成熟训练阶段。让你的研究者对着那些活跃的大脑，那些可塑的正在拥抱世界的大脑去阐述自己的想法吧；让你的年轻学子们接触一些有智力探险经验的大脑，去丰富他们的知识获取阶段吧。教育是对生活探险的训练，做研究是智力上的探险，大学应当是年轻人和老年人共享的冒险家园。对于成功的教育而言，学习的知识必须一直具有某种新鲜感。它要么本身必须是新的，要么是在新时代、新世界中有某种新颖性。知识的保存时间并不比鱼的保鲜期长多少。你可能正在教某个陈旧的知识原理，但是你得想方设法在学生们面前呈现它的新鲜感和直接价值，就像刚刚从大海里捞出来的鱼一样新鲜。

学者的作用在于唤醒生活中的智慧和美，没有他们的魔力，这些智慧和美仍将被隐没在过去的尘埃中。一个社会的进步依赖于它所包含的三种人：学者、发现者和发明者。它的进步也依赖于这样一个事实，即在受过教育的民众中，每个成员都同时具有学者精神、发现精神和发明精神。我在这里使用的"发现"一词，是指涉及高度普遍性的真理的知识进步；我使用的"发明"一词，是指具体运用普遍真理以满足当前所需的知识进步。显然，这三种人相互融合，而且那些从事实际事务的人，只要他们为社会进步做出了贡献，也可以被称为发明者。但是，任何一个个体的作用都是有限的，也有其自身的特殊需求。对一个国家来说，重要的是所有类型的进步因素之间应当紧密相关，这样，研究就可以影响到市场，市场也可以影响到研究。大学则是将这种进步活动融合起来，并将其变成促进社会进步的有效工具的主要机构。当然，它们不是唯一的这种机构，但事实是，当今世界上进步的国家同时也是大学繁荣发展的国家。

大学产出的原创性思想，不该仅仅以发表的论文和著作来衡量。人类思想的产出模式，正如其实质内容一样都是个性化的。对一些思想极为丰富的大脑来说，文字写作或书面形式的表达似乎是不可能的事。在任何一个院系中，你都会发现，一些较为杰出的老师都没有发表过什么论文著作。他们的原创性思想需要与学生面对面来表达，比如做讲座或私人性的讨论。这类人对社会的进步有着深远的影响，可是，当他们的学生这一代人去世之后，他们就与那些没有得到感谢的无数施惠者一起沉寂到历史中了。幸运的是，他们中有一位名垂千古，他就是苏格拉底。

因此，以发表论文、出版著作的多少去评价一位教师的价值，将是最大的错误。今天，陷入这一错误的某种倾向已经出现了。我们有必要坚决反对当局表现出来的态度，这种态度会损害效率，对无私的热情也是不公正的。

但是，所有这些情况都考虑到后，对教师群体的总体效率的有效评价应当是，作为一个整体，他们应当以出版的形式产出一定数量的思想贡献。这"一定数量"应当按照思想的价值来评价，而不是以字数来衡量。

此番考察显示，管理一所大学的教师，与管理一家商业组织

中的成员是不可同日而语的。教师的公共意见，以及对大学目标
的共同热情，形成了大学得以高水平运转的唯一有效保障。教师应
当是一群学者，互相激励，并且自由地决定他们各自不同的活动。
你可以确保某些形式上的规范要求，比如在规定的时间去授课，教
师和学生都要到场。但是，问题的核心却居于所有的规章制度之外。

这个问题与公正地对待教师关系不大。在法定的工作时间、
薪水等条件下，雇佣一个人去完成任何法定的服务，这是非常公
正的。除非一个人非常向往这个职位，否则他是不会接受的。

唯一的问题是，什么样的条件会产生那种确保大学成功运行
的教师群体呢？这里的危险在于，十分容易产生一支完全不称职
的教师队伍——非常有效率的学究和笨蛋。只有当大学长年累月
地阻碍年轻人的发展之后，一般的公众才会察觉到称职与不称职
教师之间的不同。

在伟大的民主国家，只有当最高管理机构努力克制，避免根
据适用于商业公司的常见规则和政策来对待大学，现代大学体制
才能成功运转。商学院也不例外。关于这个主题，许多美国大学
校长最近已经公开谈论了许多内容，我实在是没有什么需要补充
的了。但是，在美国或其他国家，公众中那些有影响力的人是否
会遵循他们的建议，就不得而知了。就教育方面而言，一所大学
的主旨是把年轻人带领到一群富有想象力的学者的思想影响之下。

经验表明，我们必须适当地关注能够产生此类学者团队的条件。

四

论历史和声誉，欧洲有两所享有盛誉的大学——巴黎大学和牛津大学。我将谈谈英国的情形，因为我最了解它。牛津大学可能在许多方面犯过错误。但是，尽管它有很多缺点，它自始至终都保留了一个最大的优点，与此优点相比，所有细节上的失败都微不足道：多个世纪以来，牛津大学在它漫长的进程中，培养了一批又一批能够运用想象力去求索的学者。仅凭这一点，凡是热爱文化的人想到它时，没有人能够无动于衷。

但是，对我而言，跨过大洋去寻找例证实在没有必要。《独立宣言》的作者杰斐逊① 先生，堪称最伟大的美国人。他在多个方面都取得了完美的成就，使他跻身于历史上为数不多的伟人之列。他创办了一所大学，并为此奉献了他诸多天才中的一个方面，将这所大学置于可以激发想象力的环境之中：优美的建筑，优美的

---

① 杰斐逊（1743—1826 年）：美国政治家、开国元勋，《独立宣言》的主要作者，1801—1809 年担任美国第三任总统。杰斐逊创办的大学是指1819 年成立的弗吉尼亚大学，旨在通过一所公立大学促进人类知识进步、培养领导者和有见识的公民。

环境，以及任何其他能够激发想象的设施和组织。

　　美国还有许多其他大学能够表明我的价值观念，但是我最后要举的例子应当是哈佛大学——清教徒运动①中创办的具有代表性的大学。17 世纪和 18 世纪，新英格兰地区的清教徒是最富有想象力的一群人，他们克制自身的外在表达，惧怕身体之美的象征表达，但是可以说，他们苦苦沉思于人类在智力上想象出来的精神真理之中。在这两个世纪中，信奉清教的教师们确实是充满想象力的，他们培养了许多享誉世界的伟人。后来，清教思想开始松动，在新英格兰地区文学的黄金时代里，爱默生（Ralph Waldo Emerson）②、洛威尔（James Russell Lowell）③ 和朗费罗（Henry Wadsworth Longfellow）④ 都在哈佛大学留下了自己的印记。然后，

---

① 清教徒运动是指 16 世纪英国兴起的一场新教运动，目标是通过改革或净化英格兰教会，将其转变为一个虔诚的团体。1620 年起，大批清教徒移民至美国新英格兰地区，并于 1636 年成立哈佛大学，目的是为新联邦培训神职人员。

② 爱默生（1803—1882 年）：美国散文家、诗人、废奴主义者和哲学家，1817—1821 年就读于哈佛大学。著有《散文集：第一辑》《散文集：第二辑》等，是美国 19 世纪最有影响的作家之一。

③ 洛威尔（1819—1891 年）：美国浪漫主义诗人、评论家，1834 年进入哈佛大学求学。著有《批评家的寓言》《比格洛论文集》等，以诗歌及评论推动社会变革，特别是在宣扬废奴主义方面。

④ 朗费罗（1807—1882 年）：美国诗人、教育家，自 1836 年起在哈佛大学任教。著有诗集《夜之声》《民谣及其他诗歌》等，诗歌以富于音乐性、抒情闻名，是当时最受欢迎的诗人之一。

现代科学时代逐渐兴起，我们在威廉·詹姆斯（William James）[①]身上再次发现了典型的富有想象力的学者形象。

今天，哈佛设立了商学院。这所大学向商学院提供的礼物便是古老的想象力，这代代相传的智慧火炬。这是一份危险的礼物，它已经引发过许多大火。如果我们惧怕这种危险，那么最合适的做法就是关闭我们的大学。想象力这份礼物经常与伟大的商业民族——希腊、佛罗伦萨、威尼斯——联系在一起，与荷兰人的学问、英国的诗歌联系在一起。商业和想象力共同繁荣。这是所有人都会为自己的国家祈求的礼物，正是它维系了雅典人所成就的伟大：

> 雅典的公民，帝国的精神，
>
> 从过去统治着现在。

对美国的教育来说，也要追求这种高远的理想。

---

① 威廉·詹姆斯（1842—1910年）：美国哲学家、心理学家。他曾于哈佛大学求学并任教，著有《心理学原理》《宗教体验的多样性》等，被认为是美国19世纪后期主要的思想家，最有影响力哲学家之一，并被誉为"美国心理学之父"。

第 8 章

思维的组织

这次演讲的主题是"思维的组织",显然可以有许多不同的方式来讨论这个主题。我特别想对大学中的逻辑科学做一些评述,我自己的研究也与此相关。但是,我又担心是否能成功做到,如果我能够成功做到这一点的话,我希望它能呈现逻辑科学与一般科学活动的某些基本因素之间的关系。

　　科学的时代已经发展成为有组织的时代,这不是偶然的。有组织的思维是有组织的行动的基础。组织是对不同元素的调整,使它们之间的相互关系可以呈现出某种既定的特性。一部史诗便是成功的思维组织的典范,也就是说,一个事件原本成为史诗的可能性并不大,但经过思维的组织,便成了一部优秀的史诗。它成功地将如下的元素组织起来:大量词汇的语音,词语的关联,生活中发生的形形色色的事件,以及感情的形象化记忆。再与对伟大事件的特别叙述结合起来,这一整体上的处理使得史诗可以激发简单而感性的热烈情感，正如弥尔顿（John Milton）①界定的情感那样。成功史诗是极少数的，这与思维组织方面的明显难度是相当的。

科学是思维的组织。但是，史诗这个例子提醒我们，并不是任何对思维的组织都是科学。它是某种确定类型的组织，而我们将要努力地去确定它是哪种类型。

科学好比是一条河，它有两个源头，即实践的源头和理论的源头。实践的源头是指导我们用行动达成既定目标的欲望。比如，为正义而战的大英民族，转而求诸科学，认识到了含氮化合物的重要性。理论的源头是理解的欲望。现在，我要强调理论在科学中的重要性。但是为了避免误解，我最想强调的是，在任何意义上，我都不认为哪一个源头更高贵，或本质上更有趣。我也看不出，为什么努力地理解要比让一个人以正确的顺序进行行动更高尚。这二者都有其不好的一面：错误的目标会误导行动，而理解也有源自不光彩的好奇心的。

即使是在实践中，科学理论的重要性也源于这一事实，即行动必须是直接的，并且发生在极其复杂的环境中。如果我们等到要行动的时候，才着手整理思路，那么，在和平年代我们将丢掉

———————

① 弥尔顿（1608—1674 年）：英国诗人，著有史诗《失乐园》，使其成为历史上最伟大的诗人之一。在《失乐园》中，弥尔顿描述了多种情感，如上帝所独有的神圣情感、天使般的情感、堕落天使的激情等。

生意，在战争年代我们将输掉战争。实践上的成功取决于理论家，他们在其他的动机的引领下进行探索，并且已经接触过实践，当遇到良机之时便产生了相关的理论。我所说的理论家，并不是脱离实际的人，而是指一个人的思想动机是想要正确地阐明事件发生所依据的规则。一个成功的理论家应当对即时事件特别感兴趣，否则他根本不可能正确阐明关于这些事件的任何规则。当然，所有人身上都存在科学的这两个源头。

我们把科学称为"思维的组织"，那么，什么是思维的组织呢？让有思想的观察者着迷的第一个方面，是现代科学的归纳特性。不少思想家们都思考过归纳的性质及其重要性，以及归纳逻辑的规则，特别是英国的思想家们，比如培根、赫歇尔（Herschel）① 、约翰·穆勒（J. S. Mill）② 、维恩（Venn）③ 、杰文斯

---

① 赫歇尔（1792—1871 年）：英国数学家、天文学家。1831 年出版《关于自然哲学研究的初步论述》，主张采用归纳法进行科学实验和理论建构，对科学哲学做出了重要贡献。

② 约翰·穆勒（1806—1873 年）：英国哲学家、政治经济学家。他是古典自由主义方面最有影响力的思想家之一，对社会理论、政治理论和政治经济学的发展有重要贡献。著有《论自由》《逻辑体系》等，后者讨论了如何在具体事实中发现一般规律，并通过经验验证这些规律。

③ 维恩（1834—1923 年）：英国数学家、逻辑学家和哲学家，以在科学研究中引入维恩图而著名。著有《机会逻辑》《符号逻辑》《经验或归纳逻辑原理》等，重新认识了逻辑学，并成为该领域的领先学者。

（Jevons）[1] 等。我不打算在此插入对归纳法过程的分析。归纳法是工具，不是结果，我想要考虑的则是结果。当我们理解了结果，便能更有效地改进工具。

首先，有一点必须要强调。在分析科学过程时，有一种倾向：假定一系列适用于自然事物的概念，并假定发现自然法则是借助归纳逻辑的手段，从可能存在于自然事物之间关系中，选择一些符合这些显而易见的概念的关系。在某种意义上，这一假设是相当正确的，特别是在科学的早期阶段。人类发现自己拥有一些尊崇自然的概念，比如，永恒的物质实体的概念，并以此确定与自然界中相应的认识对象相关的规则。但是，规则的精确表达反过来改变了概念，有时候这种改变是温和的，可以补充精确的概念；有时候则是剧烈的。起初，这一过程并没有引起太多注意，或者至少是被局限在一个有限的范围内的，不会触动根本思想。在我们现在所处的阶段，这些概念的制定，与我们所设想的连接宇宙中各类事件的经验法则的制定同样重要。比如，生命、遗传、物质实体、分子、原子、电子、能量、空间、时间、数量、数字等这些概念。我并不是武断地认定直接获知这类概念的最佳方式。

_____

[1] 杰文斯（1835—1882 年）：英国经济学家、逻辑学家。著有《科学原理》等，在其中阐明了归纳法只是演绎法的逆向运用的观点，《科学原理》是 19 世纪英国最为重要的逻辑学著作之一。

当然，只有致力于专门研究存在问题的事实时，才能做到这一点。成功从来不是绝对的，想在正确的方向上取得进步，需要在概念和事实之间不断进行比较，这是一个缓慢渐进的过程。成功的标准在于，我们应当能够表达经验法则，也就是说，阐述我们认识到的宇宙中不同部分的关系，认识关于事物特性的法则——据此，我们可以把生活中的实际事件理解成关联着整体的局部知识。

但是，就科学的目标而言，什么才是真实的世界呢？科学是否必须等到形而上学的辩论终止，才能决定自己的主题？我认为，科学有着更为平凡的立足点。它的任务是发现存在于认知、感觉和情感变迁之中的关系，而这些认知、感觉和情感构成了我们的生活经验。由视觉、听觉、味觉、嗅觉、触觉，以及更为原初的感觉所产生的全景观念，是科学活动的专有领域。正因如此，可以说科学是对生活经验的思维组织。实际经验领域最显著的特征是其无序性。对每个人来说，它都既是一个连续体，又是碎片化的，包含着没有被清晰区分的各种元素。我们很难去比较不同人的感性经验。我坚持认为，极其杂乱、缺乏协调性的实际经验领域，就是科学开始的地方。把握这一基本事实，便是在构建科学的哲学时迈出了智慧的第一步。这一事实被语言的影响遮蔽，又被科学加以塑造，科学把准确的概念强加给我们，仿佛这些概念就代表了经验的即时传递。结果，我们想象自己对世界有了即时经验，这个世界由完美界定的对象组成，这些对象又与完美界定的事件牵连在一起，正如我们通过感官的直接传递所知道的，这些事件发生在确切的时间里，发生在由确切的点组成的空间里，而不是分成各个部分，也不分大小量级：这一匀整、有序、整齐、确切的世界是科学思维的目标。

我的观点是，上述这一世界是观念的世界，它的内在关系是抽象概念之间的关系，阐明这一世界与实际经验感觉之间的精确联系是科学哲学的根本问题。我想请你们思考这样一个问题：确切的思维该如何应用到经验这一碎片化、模糊的连续体中？我不是说它不适用，恰恰相反，我想知道它是如何应用的。我想寻求的解决办法不是一句话就可以概括的，尽管这样做很巧妙，但我想寻求的是科学的一个坚实分支，能详细说明思维和经验之间的那种一致性是如何产生的。建构这一科学分支则需要持久的耐心。

科学活动的实践来源是初步组织科学思维时的重要步骤，没有掺入任何理论冲动。实现思维组织的缓慢过程，既是适度理性的人类逐渐进化的原因，也是其结果。我指的是如下概念的形成：确切的物质对象、确定的时间间隔、共时性、重复性、确切的相对位置以及类似的基本概念。根据这些概念，我们流动的经验才能在精神层面得到整理，并成为方便的参照物。实际上，这便是常识思维的整体组织和运作方式。想想你大脑中的某个确定的椅子吧。那把椅子的概念只是与那把椅子相联系的所有经验的概念，也就是关于如下经验的汇合：制造椅子、售卖椅子、见过椅子或使用过椅子的人的经验，以及现在正在体验椅子舒适感的人的经验，再结合我们对于未来同类产品的预期。这些经验最后会被一组不同的经验终止，比如当这把椅子坍塌并变成一堆柴火。这类概念的形成是一项艰巨的工作，动物学家和地质学家告诉我们，这要花费数千万年的时间。我很相信这个说法。

现在，我强调两点。首先，科学植根于我刚刚提到的常识思维的整体组织和运作中。它从这些资料开始，也必须重新回到这些资料上来。我们可以推测，如果这能让我们愉悦的话，其他星球上的其他生命根据一套完全不同的概念代码整理出了类似的经验，也就是说，他们把主要的注意力指向了他们各种经验之间的不同关系。但是，这项任务太复杂、太巨大了，无法在常识的主体框架里完成修改。你可以改进常识，你可以在细节上否定它，你可以无意中发现它。但是，最终你的全部任务是去满足它。

其次，如果在某些方面不从对实际经验的严肃思考出发，无论是常识还是科学都不能继续其组织思维的任务。再想想那把椅子吧。它的概念基于各种经验——我把我们关于未来历史的期望也包含在这些经验之中了。我应当更进一步，把我们能想象到的所有可能的经验都包括进去，这些可能的经验，在日常语言中，我们应当称之为关于那把椅子的可能发生的认知。这是一个困难的问题，我看不到出路。但是，目前，在构建关于时间和空间的一种理论时，如果我们拒绝承认理想的经验，那么似乎就会遇到一些不可逾越的困难。

这种关于经验的想象性认知，当其发生时，它们将会与我们的实际经验一致，它们在我们生活中也看似是绝对必要的。它既不是完全任意的，也不是完全确定的。它是一个模糊的背景，只是部分地由单独的思想活动确定。比如，想想我们关于从未见过的巴西植物群的想法吧。

理想的经验与我们想象性地复制别人的实际经验密切相关，也与我们几乎不可避免的自我观念密切相关——我们从存在于我们之外的复杂的外部现实中接收关于我们的印象。或许正是对于每一来源、每一类型的经验的充分分析，才能产生关于此类现实及其性质的阐释性证明。毋庸置疑，情形确实就是这样的。对这个问题的精确说明是形而上学的问题。我在本次演讲中极力主张的一个观点是，科学的基础并不取决于任何形而上学的结论；但是，科学和形而上学都同样从既定的直接经验这一基础出发，它们在不同的任务上朝着相反的方向行进。

比如，形而上学探究的是，我们是如何把关于椅子的认知与某个真实的现实联系起来的。科学把这些认知汇集成一个确定的种类，再在其中加入类似的在指定状况下可以获得的理想认知，而科学所需的就是基于这一系列认知的单一概念。

我想直接探究的是科学结构的本质。科学在本质上是符合逻辑的。它的概念之间的联系是一种逻辑联系，详细的科学论断所依据的也是逻辑依据。詹姆士国王说过："没有主教，就没有国王。"我们也可以带着更大的自信说："没有逻辑，就没有科学。"我想，大多数科学工作者不承认这一事实，他们本能地不喜欢它，原因在于逻辑理论在过去的三四个世纪中毫无进展。我们可以把这一失败归咎于对权威的崇拜，在文艺复兴时期，这种崇拜在学术界的某些方面得到了增强。后来人类改变了对权威的认识，这一事实暂时起到了解放作用。但是，主要事实却是，学术界对古典作家的任何言论都持有一种崇敬的态度，我们在现代运动的发端就能看到对它的抱怨[①]。学者们变成了真理的注释者，太过追求精细而无法接受译本。一种科学如果不愿忘掉其创建者，便会迷失方向。我将这种迷失归因于逻辑学的贫瘠。不信任逻辑理论和数学的另一个原因是，人们认为演绎推理不能带来任何新的东西。你的结论包含在你的前提中，而假定前提则是你已知的。

---

① 比如 1551 年意大利经院哲学家们的抱怨，参见斯卡皮（Scarpi）《特伦托会议》中关于这一段时期的描述。——作者原注

　　首先，对逻辑的后一种指责忽视了人类知识碎片化、互不关联的特性。星期一知道了一个前提，星期二又知道了另一个前提，但这对你星期三的思考无益。科学是关于前提、推理和结论的永久记录，处处都需要去验证它们与事实是否一致。其次，说我们知道了前提时也就知道了结论，这是不对的。比如，在算术方面，人类并不精于计算。任何理论，只要证明说人类精通于从假设推知结果，那它就一定是错误的。我们可以想象人类具有这样的洞察力。但是，我们不是这样的生物。我认为，我在这里所作的这两个回应都是正确的、切题的。但是，它们并不令人满意。它们带有太强的攻击性，太过流于表面。我们想要的是更具解释力的东西，以应对这个问题所提出的真正困难。实际上，真正的答案就包含在我们关于主要问题——逻辑与自然科学的关系——的讨论之中。

　　在宏大的框架中去勾勒现代逻辑的一些相关特征，是有必要的。在这样做时，我应当努力避免深奥的一般性论述和细微的技术分类，尽管在传统的逻辑学中，这些占据了主要部分。一门科学早期阶段的特征是，既在目标上雄心勃勃，追求深奥，又在处理细节方面陷入琐碎，逻辑学就是在这样一个阶段变得僵化了。

　　我们可以把逻辑理论分成四个部分。通过一个并不遥远的类比，我把它们分别称为算术部分、代数部分、一般函数理论部分和分析部分。我并不是说，算术部分首先出现，代数等部分依次出现，而是说这些名称暗示了每个部分思想的某种特性，这些让我们想起了算术、代数、数学函数一般理论、特殊函数属性的数学分析中的类似特性。

第一部分，即算术阶段，它处理的是确定命题彼此之间的关系，正如代数处理的是确定的数字一样。任意想一个确定的命题，并把它称为"p"。我们设想总有另一个命题直接与"p"相反，并把它称为"非p"。当我们得到两个命题p和q时，我们就可以从它们以及它们的反命题得到一些衍生命题。我们可以说，"在p或q中，至少有一个是真命题，也许两个都是真命题"。让我们把这个命题称为"p或q"。我想插一句题外话，一个仍然在世的最伟大的哲学家曾经表示，这里"或"字的用法，即"p或q"，就其意义而言，意味着二者中有一个或二者全部都是真命题，这让他对确切表达感到绝望。在我看来，他的愤怒是莫名其妙的，但是我们必须勇敢面对。

这样，我们就拥有了4个新的命题，即"p或q"和"非p或q"，以及"p或非q"和"非p或非q"。我们把这些称为一组"析取衍生命题"。到此时为止，总共有8个命题，p、非p、q、非q，以及4个析取衍生命题。可以从其中抽取任意一组命题，并用之前的处理方式取代p和q。因此，每对命题产生8个命题，其中的一些可能之前已经得到了。通过这种方式进行下去，我们得到了无数组命题，它们的复杂性在增加，但最终都是由两个原始命题 p 或 q 衍生出来的。当然，其中只有少数几个命题是重要的。相似地，我们可以从三个命题 p、q、r 或者四个命题 p、q、r、s 开始，以此类推。在这些命题集合中，任意一个命题都是真的或假的。没有其他的可能性。不管它是真是假，我们都把它称为该命题的"真假值"。

逻辑理论探究的第一部分要解决的问题，便是去判断这些命题的真假值，前提是我们知道了其中一些命题的真假值。这种探究，只要它是值得进行的，就不会很深奥，如何以最佳方式表达其结果则是一个细节问题，我在这里不做考虑。这种探究构成了逻辑理论的算术阶段。

逻辑理论的第二部分是代数阶段。算术和代数的不同在于，算术考虑的是确定的数字，而代数则引入了符号，即字母来代表任意的数字。数字的概念也扩大了。这些字母代表任意数字，有时被称为变量，有时被称为参数。它们的基本特性是，它们是不确定的，除非存在可以间接确定它们的代数条件。于是，它们有时被称为未知数。一个含有字母的代数公式就是一种空白形式。当确定的数字代替字母时，它才变成一个确定的算术表达。代数的重要性在于它推动了形式研究。现在考虑下面这个命题：

水银的比热容是 0.033。

这是一个确定的命题，在某种限定条件下，它是真命题。但是，我们并不会立即对它的真假值感兴趣。以一个纯粹的字母取代水银，代表某个未确定的事物的名称，我们就可以得到：

x 的比热容是 0.033。

这不是一个命题，罗素称它为命题函数。它是对一个代数表达式的逻辑类比。让我们把任意的命题函数写作 $f(x)$。

我们也可以进一步概括，说成是：

x 的比热容是 y。

这样我们就得到了另一个命题函数 $F(x, y)$，包含 x 和 y 两个参数，如此类推至任意数量的参数。

现在，来考虑一下 $f(x)$。x 有一个取值范围，$f(x)$ 是关于它的一个命题，要么是真命题要么是假命题。当 x 的取值超出这个范围，$f(x)$ 就根本不是一个命题，也无关真命题或假命题。它可能会给我们以模糊的暗示，但是它并不具备确定论断的意义。
比如：

美德的比热容是 0.033。

这是一个假命题。而比如：

美德的比热容是 0.033。

我能想象得到，这根本就不是一个命题，因此它既不是真命
题也不是假命题，尽管其组成部分在我们的大脑中引起了各种联
想。这个取值范围，即使得函数 $f(x)$ 具有意义的范围被称为自
变量 x 的"类型"。

但是，x 还有一个取值范围，使得 $f(x)$ 为真命题。这就是满
足函数 $f(x)$ 的自变量取值的集合。这个集合可能没有数字，或
者在另一种极端情况下，它可能包含参数的所有类型。

因此，我们可以构想出两个一般命题，它们共享同样的逻辑
形式和不定数量的命题，即相同命题函数的取值范围。这两个命
题，一个是：

对于合适类型的 x 的每个取值而言，$f(x)$ 是一个真命题。

另一个命题是：

存在一个 x 值，使得 $f(x)$ 是真命题。

假定有两个或更多的命题函数 $f(x)$ 和 $\phi(x)$，含有相同的自变量 x，我们就可以形成衍生命题函数，即：

$f(x)$ 或 $\phi(x)$，$f(x)$ 或非 $\phi(x)$

加上其反命题，以此类推，就可以像在算术阶段一样，得到一个无穷的命题函数的集合。每个命题函数都会产生两个一般命题。在任何一个这样的命题函数的集合中，关于一般命题的真假值之间相互关联的理论形成了数学逻辑的一个简单而优雅的篇章。

正如我们已经注意到的，在逻辑的这个代数部分中，类型的理论出现了。在不引入误差的情况下，这一理论是不能被忽视的。我们至少需要通过一些安全的假设，才能解决其理论问题，尽管它并不涉及问题的哲学基础层面。这部分主题是晦涩而困难的，并且没有得到最终的阐明，尽管罗素的杰出工作开启了这一主题的研究。

现代逻辑学发展的最后推动力，来自弗雷格（Frege）[①] 和皮亚诺（Peano）[②] 关于逻辑变量重要性的独立发现。弗雷格比皮亚诺走得更远，但是一种令人遗憾的符号论使他的工作陷入晦涩，以致没有人完全认可他的成果，就连他自己也没有发现这一点。但是，这一运动历史悠久，可以追溯至莱布尼茨甚至亚里士多德。在英国的贡献者中，有德·摩根（De Morgan）[③]、布尔（Boole）[④] 和艾尔弗雷德·肯佩爵士（Sir Alfred Kempe）[⑤]，他们的工作都是一流的。

[①] 弗雷格（1848—1925 年）：德国哲学家、逻辑学家、数学家，被广泛认为是自亚里士多德以来最伟大的逻辑学家，也是有史以来最深刻的数学家、哲学家之一。著有《算术基础》，其成为逻辑主义方面的开创性著作。

[②] 皮亚诺（1858—1932 年）：意大利数学家、逻辑学家、语言学家。他是数理逻辑和集合论的创始人，著有《算术原理》，对现代数学归纳法严格、系统的使用做出了重要贡献。

[③] 德·摩根（1806—1871 年）：英国数学家、逻辑学家。他提出了德摩根定律，并发明了"数学归纳法"一词，著有《形式逻辑》等，在集合论、概率论、计算机科学和许多其他领域都有重要贡献。

[④] 布尔（1815—1864 年）：自学成才的英国数学家、哲学家和逻辑学家。他致力于微分方程和代数逻辑研究，最著名的著作为《思维法则》，在其中确立了布尔代数这一代数的分支。

[⑤] 艾尔弗雷德·肯佩爵士（1849—1922 年）：英国数学家，以在直线连杆及四色原理方面的工作而闻名。

逻辑理论的第三部分是一般函数理论。就逻辑语言来说，我们在这个阶段完成了从内涵到外延的转变，开始研究符号理论。以命题函数 $f(x)$ 为例。存在 x 的一个集合或取值范围，其中的数值都满足 $f(x)$。但是，同样取值范围所构成的集合可能也满足另一个命题函数 $\phi(x)$。有必要研究如何以某种方式去表示这一集合，即介于不同的命题函数之间的集合——这些函数能且只能被它的任意一个数值满足。我们应当做的是，去分析关于一个集合的命题的性质，即这些命题的真假值取决于集合本身，而不是该集合所显示的特殊意义。

此外，有一些关于某一个体的命题是以描述性的短语表示的，比如，"英格兰现任国王"这一命题是存在的，"巴西现任皇帝"是不存在的。更为复杂但类似的问题是，包含两个变量的命题函数，这就涉及"相关"这个概念了，正如一个变量的函数涉及"集合"的概念一样。相似地，三个变量的函数产生了三角的相关概念，等等。逻辑学的这个部分必须一直被作为根本看待，它也是罗素特别研究的领域。我把它称为基础理论部分，因为其中的概念对于建构基于逻辑表示的函数是必不可少的，这类函数包含作为特例的一般数学函数，比如正弦、对数等。如果我们想要过渡到第四个阶段，在前面三个阶段中的每一个阶段，都有必要逐步引入适当的符号论。

　　逻辑理论的第四个部分是分析阶段，涉及对特殊逻辑建构的属性的研究，即对特殊种类的集合及其相关性的研究。数学的全部内容都包含在这里了。因此，这一部分的范围很大。实际上，这就是数学，既不多也不少，但是它所包含的对数学概念的分析，迄今尚未被纳入科学范畴之内，也确实未得到根本性的深入思考。这个阶段的本质是建构。正是通过适当的建构，应用数学的宏伟架构，包含数、数量、时间、空间的理论，才得到了详细的说明。

　　要去解释数学是如何从集合和相关性的概念，包括第三部分中所确立的多角关系的相关性发展而来的，即便只是简要地描述，也是不可能的。我只能从标题上略微提及这一发展过程，罗素先生和我所著的《数学原理》（*Principia Mathematica*）中对此进行了充分论述。在这一发展过程中，有七种特殊种类的相关性是特别有趣的。第一种包含了一对多、多对一和一对一的相关关系。第二种包含序列关系，即某个域值范围内的数字按照相关性排成序列，这样，在这种关系所限定的意义上，这个域值范围内的某个数字要么在另一个数字的前面，要么在其后面。第三种包含归纳关系，即数学归纳理论赖以存在的相关性。第四种包含选择关系，它是算术运算的一般理论，也是其他领域所需要的。正是在与这类相关性的联系中，著名的乘法原理成了我们考虑的对象。第五种包含向量关系，数量理论便是从其中发展出来的。第六种包含比例关系，它在数和数量之间建立了相互联系。第七种包含了几何学中出现的三角和四角关系。

单纯列举一些专门术语，比如上面提到的这些，并不能说明问题，尽管这可以帮助我们去理解该学科的界限。请记住一点，这些名称都是专业术语，它们无疑是提示性的，但它们是在严格界定的意义上使用的。我们遭受了批评家们的许多批评，他们认为只要稍微具备一些关于这类术语的书面知识，就足以批评我们的分析过程了。比如，一对一的相关性取决于只包含一个要素的集合概念，而这个概念的界定却没有诉诸数字 1 的概念。它想要得到的只是多样性的概念。因此，要使集合 α 只有一个要素，则要满足两个条件：(1)满足命题函数"x 不在集合 α 中"的 x 取值集合，不是 x 相关取值的全部类型；(2)无论 x 和 y 在相关类型中的取值是多少，命题函数"x 和 y 在集合 α 中，并且 x 不同于 y"是假命题。

对于更高级的有限基数要素来说，类似的分析过程显然也是可能的。因此，现有的整套数学概念都能一步步地得到逻辑界定。这一过程是细致的、费劲的，像所有科学一样，不存在什么幻想的捷径。这个过程的本质在于，首先，根据命题的形式，即根据相关的命题函数去构建概念；其次，参照在逻辑的代数部分所得到的结果，去证明包含这一概念的基本事实。

我们可以看到，在这一过程中，由特别的难以界定的数学概念所组成的数学整体装置，以及有关数、数量和空间的特别的先验数学前提，都消失了。数学只是用来分析逻辑推理的一种工具，这些推理只要遵循命题的形式，就可以根据常识或更精确的科学观察，从任何特定的前提中得出。特定形式的命题会不断地出现在我们的思维中。我们现行的数学是对这些命题形式的推理分析，这些推理在某些方面是重要的，不管是在实际应用方面，还是在理论兴趣方面。我在这里谈到数学这门科学时，是按其实际存在的样子来描述的。对数学的理论界定必须把其范围内的基于纯粹命题形式的任何推理都包括在内。但是，当然没有人想去发展毫不重要的那部分数学。

我在上面对逻辑概念做了些仓促的概述，引发了一些思考。这样一个问题便产生了：有多少种命题形式？答案是：无穷多个。逻辑科学如料想般那样收效甚微，可以由此得到原因。亚里士多德通过构思命题形式的概念，通过构思凭借这些形式而发生的推理，创建了这一学科。但是，他将命题限定为四种形式，现在所说的全称肯定命题（A）、特称肯定命题（I）、全称否定命题（E）、特称否定命题（O）。只要逻辑学家纠缠于这种不幸的限制，就不可能有真正的进步。亚里士多德和后来的逻辑学家们的形式理论，曾一度非常接近逻辑变量理论。但是，非常接近一种真正的理论和掌握其精确的应用方法，根本不能混为一谈，科学史也告诉了我们这一点。任何重要的事物在被发现之前，都已经有人提到过了。

此外，逻辑推理地位不显著的一个原因在于，逻辑形式这一主题并不经常进入我们的思想中。常识性的推理会受到某些习惯性思维的联想的指引，可能随着盲目的本能而进行，从一个具体命题转移到另一个具体命题。因此，常识在面对丰富的材料时就会迷失。

一个更重要的问题是，基于观察的归纳法与演绎推理逻辑之间的关系。归纳法的拥护者和演绎法的拥护者常常针锋相对。在我看来，这就像是一条蠕虫的两端在争吵一样。对于任何值得拥有的知识来说，观察和推理都是必需的。不求助于命题函数，我们就无法得到归纳法。比如，对观察到的事实的陈述是：

这种物质是水银，它的比热容是 0.033。

于是就可以形成如下的命题函数：

x **要么不是水银，要么它的比热容是 0.033。**

　　归纳法是假设该一般命题为真命题，即对于 x 在相关的类型中的每个取值，上述命题函数都是真命题。

　　但是，有人反对说，这个过程及其结果太简单了，精巧的科学在其中并无用武之地。同样地，当一个英国水手在大海上航行时，他就知道海水是咸的。那么，对海水进行精确的化学分析，有什么用呢？对于这个问题，一般性的回答是，对于你总是使用的方法，你不可能知道得太多；还有一个特别的回答是说，逻辑形式和逻辑内涵并不是如此简单，整个数学都证明了它们的作用。

　　研究逻辑方法的一大作用并不是要将其应用到精密的推理领域，而是指导我们去研究科学中的主要概念的形成过程。比如，想想几何学的例子吧。构成空间的点是什么？欧几里得告诉我们，它们没有组成部分，没有大小。但是，一个点的概念是如何从感觉认知中产生并作为科学开端的？当然，点不是感觉的直接传递，我们不时可以看到或感觉到一些让我们联想到点的东西。但是，这是一种罕见现象，当然也不能证明空间是由点组成的这个概念的产生。我们关于空间属性的知识不是基于对点与点之间关系的任何观察。它产生于我们对物体之间关系的经验。物体之间的一个基本的空间关系是，一个物体可能是另一个物体的一部分。我们想把"整体与部分"的关系界定为：部分所占据的点是整体所占的点的一部分。但是"整体与部分"却比"点"的概念更为基础，这一界定确实是循环论证且有缺陷的。

我们因此要问，是否可以得到"空间整体与部分"的任何其他界定。我认为它是能以这种方式界定的，但如果我弄错了，这对我的整体论证而言并不重要。这样我们就得到了一个结论：一个延展体只不过是所有感知者（实际的或理想的）对它的感知的集合。当然，它不是任意感知的集合，而是某种确定的感知类型的集合；关于这种确定的类型，我在这里并没有界定，只是排除了把它们简单说成是对物体的感知的错误方法。这样，对物体某部分的感知就处于构成整体的感知之中。因此，a 和 b 两个物体都是感知的集合，并且当 b 的集合包含在 a 的集合之中时，b 就是 a 的一部分。从这一界定的逻辑形式中直接就可以推出，如果 b 是 a 的一部分，并且 c 是 b 的一部分，那么 c 就是 a 的一部分。因此，"整体与部分"的关系是具有传递性的。而且，可以方便地得出，一个物体是它自身的一部分。这纯粹是你如何去下定义的问题。这样理解的话，这种关系就是自反性的。最后，如果 a 是 b 的一部分，并且 b 也是 a 的一部分，那么 a 与 b 一定是相同的。"整体与部分"的这些属性并不是新的假设，它们是从我们界定的逻辑形式中推导出来的。

如果我们假定空间具有理想的无限的可拆分性，就必须做一个假设。也就是说，我们假设了认知的每一个集合即一个延展体，包含了那些不同于其自身的其他延展体的认知集合。这一假设草拟了一个相当庞大的假定认知理论。除非你以某种形式去构建几何学，否则它是不存在的。这种假设在我的阐述中并不是特例。

这样，去界定我们所说的点就有可能了。点即是延展体的集合，以通俗的语言来说就是，延展体包含那个点。这个界定没有预设点的概念，它更像是阐述性的，关于这一点我现在没有时间去展开陈述。

在几何学中引入点的优点是，简化了它们之间相互关系的逻辑表述。对科学来说，定义的简化并没有那么重要，但是相互关系的简化则至关重要。这一法则的另一例证是，物理学家和化学家把连孩子都可以理解的延展体这一简单概念，比如椅子，分解成令人困惑的概念，即分子、原子、电子和光波的复杂运动。他们现在获得了含有更为简单的逻辑关系的概念。

如此构想出来的空间，精确地表达了经验的常识世界中那个显而易见的空间的属性。它不一定是物理学家构想空间的最佳方式。一个基本的必要条件是，常识世界中的空间与物理学家的空间，二者之间的一致性应当是明确的和对等的。

现在，我将中断逻辑在自然现象科学探究中的作用的阐述。我已经努力呈现了逻辑所具有的作用：它可以作为组织原则，分析概念如何从直接现象中产生，考察作为假定自然法则的一般命

题的结构，就这些命题之间的相互含义建立相互关系，推理出我
们在给定状况下所期待的现象。

在正确运用的情况下，逻辑并不会束缚思维。它会产生自由，
而且首要的是，会产生勇气。不合逻辑的思维在得出结论时会犹
豫不决，因为它从来不知道它意味着什么，它假设了什么，它在
多大限度上可以信任自身的假设，或者假设的任何调整会产生什
么样的影响。未受训练的大脑在建构逻辑方面——这与要处理的
主题是相关的——不知道在不同的假设中可以得出哪种结论，相
应地在预测归纳法时也是迟钝的。这种相关逻辑方面的基本训练，
无疑是去积极思考直接观察到的情形中的那些已知事实。但是，
在有可能运用到精细推理的领域，这种精神活动需要充分锻炼直
接研究抽象逻辑关系的能力。这便是应用数学。

无论是离开观察的逻辑，还是离开逻辑的观察，都不能推动
科学的发展。我们可以认为，年轻人和老年人之间存在一种内斗。
年轻人不是通过年岁界定，而是通过创造事物的冲动来界定。老
年人是指那些面对所有事情，只想着不犯错误的人。从老年人到
年轻人，逻辑是所有人的橄榄枝，而这个嫩枝在年轻人的手中有
着创造科学的魔力。

第 9 章

Chapter

对一些科学概念的剖析

1. 事实

自然科学的特征就在于，它忽略所有的价值判断，比如，审美判断或道德判断。它纯粹是实事求是的，我们也必须从这个意义上去解释那句振聋发聩的话："人类，既是自然的奴仆，又是自然的主人。"

因此，就自然科学来说，留给人类思想的领域也太过宽泛了。它包括本体论，即决定真实存在的事物的本质；换句话说，就是形而上学。从抽象的观点来看，排斥对事物进行形而上学式的探究，是很可惜的。这种探究是对科学价值的一种必要批判，它会告诉我们一切科学研究的目的是什么。我们之所以谨慎地将它从科学思维中分离出来，完全是出于实际原因；因为经过适当的辩论，我们可以就科学取得一致性意见，而一旦涉及形而上学，迄今为止的辩论却一直在强调分歧。在文明思想的初期阶段，科学和形而上学的这些特征是人们始料未及的。古希腊人认为，形而上学比物理学简单，他们倾向于从描述事物本质的先验概念中演绎出科学原理。他们受制于如下的灾难性倾向：鲜明的自然主义思想，沉浸于直接感知的快乐。中世纪的欧洲人则毫无克制地共享了这种倾向。我们一些遥远的先辈可能在本体论问题上达成了一致性的结论，但科学的进步却带来了思想脉络上根深蒂固的对立，这种对立既不能达成和解，也无法被摒弃。在这种时候，形而上学与自然科学就将互换角色。与此同时，当我们发现这种情形时，我们就必须正视它。

但还有一个问题仍然存在。如果人类没有初步确定科学是什么，又怎么能就科学达成一致意见呢？要回答这个问题，就必须对构成科学活动领域的事实进行分析。人类可以感知，并能对自身的感知进行思考。重要的是思想，而不是那些非思想的感知元素。当我们形成直接判断时，比如"嘿，红色的！"，我们能否想象在其他环境中，也许在更好的环境中这个判断可能会是"嘿，蓝色的！"或者甚至是"嘿，什么都没有！"——这并没有关系。就所有的意图和目的来说，在做出判断的时刻它就是红色的，其他的一切都是假设性的重构。自然科学领域就是由这些初级思想，以及对这些思想的思考构成的。

但为避免混淆，上面给出的关于初级认知思想的例子就已经犯了一种简单化的错误了。"嘿，红色的！"算不上是一种初级的认知思想，尽管它经常是首先产生的思想，甚至可以在大脑中无声地找到自己的言语表达。没有什么东西处于孤立状态。对红色的认知，就是一个红色物体与感知意识中相关的全部内容之间的关系。

在这些关系当中，最容易分析的是空间关系。再者，在直接感知当中，红色物体只不过是一个红色物体。它最好被称为一个"发红的物体"。因此，一个更接近于直接感知的判断描述是："嘿，那儿有个发红的物体！"但是，在这种表述中，其他更为复杂的关系当然都被省略了。

在科学分析中，这种错误的简单化、过度抽象化和对共性的过度普遍化趋势，源于早期的形而上学。它产生于一种隐含的信念，即我们在努力用合适的形容词来限定真实的事物。为了与这种趋向保持一致，我们会想："这个真实的物体是红色的。"然而，我们的真正目标却是根据表象的关系，明确地描述我们对表象的感知。我们感知到的是与其他表象相关的红色。我们的目标则是分析这些关系。

科学的目标之一是思想的协调，也就是说，确保逻辑上相反的判断不应成为意识的思想表达。科学的另一个目标是扩展这种协调的思想。

有些思想直接来自感觉的呈现，是感知的意识状态的一部分。比如"那边有一个发红的物体"。但一般而言，这种思想不是言语层面的，而是对存在于意识内容中的事物特性和关系的直接理解。

在这些思想当中，少不了协调。因为直接理解是就事物的独特本质而言的，我们不可能将一个物体同时理解为既是红色又是蓝色。我们随后就可以作出这样的判断：如果意识的其他因素发生了变化，那就可能将这个物体理解为蓝色的。然后，在特定情况下，最初的理解就会被称为错误的。但就现有的事实而言，它会被理解为一个红色的物体。

当我们谈到感觉呈现（sense-presentation）时，我们指的是这些本质上涉及感知的初级思想。但是，还有关于这些思想的思想，以及源于其他思想的思想。这些都是次级思想。在这个时候，我们就能很明确地辨别以下二者了：一是实际的思想表达，即实际所作出的判断；二是作为纯粹命题的假设性的思想表达，即关于想象中的可能性的思想表达。值得注意的是，意识中实际的完全的思想内容既没有被证实，也没有被否定。它只是说明了思想是什么。因此，思考"二加二等于四"是不同于证实"二加二等于四"的。在第一种情形中，思想表达就是命题本身，而在第二种情形中，思想表达则是对命题的证明，而且命题已降级为一个纯粹的命题，也就是说，降级为一个需要仔细思考的假设性的思想表达。

有时，我们会对事实与思想加以区分。就自然科学而言，事实就是思想，思想就是事实。也就是说，能影响科学的感觉呈现的事实，是直接感知中的思想要素。同样，实际的思想表达，不管是初级的还是次级的，都是科学要解释的重要事实。

有人认为，事实是既定的，而思想是自由的，其实这种区分并不是绝对的。我们可以选择、调整自己的感觉呈现，以使事实——狭义上的对感觉呈现的直接理解——在某种程度上服从于意志。再者，明确的意志仅能部分地影响我们的思想表达（thought-presentation）。我们可以选择我们的身体体验，可以发现自己正在思考；也就是说，一方面，我们在主导性的感觉需求当中有所选择，而另一方面，意识中的思想内容（就次级思想而言）并不完全是由意志的选择构成的。

因此，总体而言，次级思想有一个很大的主要领域，既定类型的作为感觉呈现的初级思想也是如此。这就是我们思考事物的方式，就我们的了解而言，它并非完全来自任何抽象的需要，而是因为我们从环境中继承了这种方法。这是我们发现自己想法的方式，只有通过巨大努力，才能从根本上摒弃这种方式，而且只能摒弃很短的一段时间。这就是我所称的"常识性思想的整个装置"。

这就是科学中所假设的主体思想。它是一种思考方式，而不是一套原理。事实上，常识告诉我们，在整理人类经验时它是非常有用的。它在细节上得到了调整，但整体上来说是假设性的。科学解释旨在发现有关自然的概念与命题，这些概念与命题则解释了常识性概念的重要性。例如，一把椅子是一个常识性概念，而分子和电子则解释了我们对椅子的观察。

现在，科学旨在使我们的反思性思维和衍生性思维与感觉呈现的直接理解所涉及的初级思想相协调。它还旨在产生逻辑严密的衍生性思维。这便是科学理论；我们所要达到的思想和谐，就是让理论与观察相一致，实现对感觉呈现的理解。

因此，科学的目标是双重的：（1）产生与经验相一致的理论；（2）对有关自然的常识性概念进行解释，至少解释其主要概念。这种解释在于，保留了由和谐思想构成的科学理论中的相关概念。

没有人能够断言，这就是过去的科学家们想要达到的目标，或他们能够达到的目标。它被认为是科学努力的实际结果，只要这种努力取得过一些成功。简而言之，我们在这里讨论的是有关概念的自然历史，而非科学家的意志。

2. 对象

我们在空间当中感知事物。比如，狗、椅子、窗帘、水滴、气流、火焰、彩虹、风铃、气味和疼痛。我们可以从科学的角度对这些感知的起源进行解释。作出这种解释，依据的是分子、原子、电子和它们的相互关系，尤其是空间关系，以及经由空间传播时这些空间关系中的干扰波。这种科学解释中的主要元素——分子等——并不是我们能直接感知到的东西。比如，我们感知不到光波；我们的视觉就是无数这样的光波经过一段时间的碰撞而产生的结果。因此直接感知到的对象对应着物质世界的一系列事件，这些事件在时间上有一定的持续性。说一个被感知到的物体总是对应着同样的分子群，这也是不对的。比如，几年后我们认出了同一只猫，但是，我们由此与不同的分子建立了联系。

再者，如果暂且不考虑科学解释的话，我们感知到的物体很大限度上是我们运用想象推测的结果。当我们认出那只猫时，我们也会认为猫也很高兴看到我们。但我们只不过是听到了它的喵喵声，看到它弓起了背，感觉到它在我们身边蹭来蹭去。因此，我们必须将众多感知的直接对象（direct objects of sense）与"这只猫"这个单一的间接思维对象区分开来。

因此，当我们说我们感知到这只猫，理解它的感受时，我们的意思是：我们听到了一种声音的感觉对象（sense-object），看到了一种视觉的感觉对象，感觉到了一种触觉的感觉对象，我们想起了一只猫，想象了它的感受。

感觉对象与时间关系和空间关系相关联。那些同时出现的感觉对象，在空间上也是同时存在的，我们的思想将它们加以整合，形成了对一只猫的感知。通常来说，这种对感觉对象的整合，是一种出于直觉的直接判断，其中并没有推理活动。有时，只会出现一个感觉对象。比如，我们听见猫的喵喵声，就会说房间里一定有一只猫。经过审慎的推理，我们的思想就完成了从一个感觉对象到一只猫的过渡。甚至多个感觉对象同时出现，也可能引起这种自我意识的努力。比如，在黑暗中我们感觉到有东西，又听到来自同一位置的喵喵声，我们就会想，这一定是只猫。视觉就更明显了，当我们看到一只猫时，我们不会再做进一步思考。我们将看到的东西认作是猫，尽管猫和喵喵声是分开的。这种对视觉对象和思维对象的直接辨别可能会导致错误，就像鸟儿去啄食画家阿佩利斯（Apelles）笔下的葡萄①。

一个单一的感觉对象是一个复杂的实体。比如，视觉对象（sight-object）是灶台上的一块砖，当我们在稳定的光线下观察它，同时保持我们自身的位置不变，它就保持不变。即使它也在

①阿佩利斯是古希腊著名画家。关于画家画出的葡萄极其逼真，竟吸引了鸟儿来啄食的故事，是老普林尼在《自然史》记述的故事，不过他所说的是古希腊另一位画家宙克西斯（Zeuxis）。阿佩利斯也是《自然史》中所谈及的画家，怀特海可能记忆有误，将二人混淆了。

时间中延续，在空间中呈现它的各个部分。我们也有点武断地把它与它作为一部分所构成的更大整体区分开来。但是，闪烁的炉火和我们位置的变化会改变这个视觉对象。我们判断，砖这一思维对象（thought-object）保持不变。火中的煤块这一视觉对象在逐渐发生变化，尽管它在极短的时间内是保持不变的。我们判断，煤块这一思维对象正在发生变化。火焰永远是不同的，它的形状只能看个大概。

我们就此断定，一个单一、自身同一的视觉对象已经是一个思维的想象了。想一想当我们在稳定光线下保持静止时，保持不变的砖块这一视觉对象吧。现在，我们在某个时间感知到的感觉对象与在另一个时间所看到的这个感觉对象是有区别的。因此下午看到的砖块与中午 12 点 30 分看到的就有所不同。但是，并不存在某个瞬间的感觉对象。当我们盯着砖块时，一分钟、一秒钟或十分之一秒钟的时间已经流逝了：本质上都持续了一段时间。存在着一连串的视觉形象，我们可以辨别出它的组成部分。但是，这些组成部分也是一连串的视觉形象，只有在思维当中，这个视觉形象才能被分割成一系列的元素。这一连串的视觉形象可能是"稳定"的，比如保持不变的砖块；或者，它可能是"动荡"的，比如闪烁的火焰。不管是哪种情形，一个视觉对象都是这一连串视觉形象中的某个任意的小部分。

再者，这一连串的砖块视觉形象只是视觉呈现（sight-presentation）的全部影像中可以辨别的一部分。

所以，我们最后都认为自己在经历一次完整的感觉呈现的时间流（或者视觉形象流）。这个视觉形象流可以区分成各个部分。区分的根据在于时间关系和空间关系的不同，以及感觉的不同——包括"感觉"这一术语所涵盖的感觉类型的不同、同一感觉类型中品质和强度的不同。而且，这些部分不是相互排斥的，而是共存于无限的变化之中。

各部分之间的时间关系引出了有关记忆和识别的问题，这些主题过于复杂，无法在此进行讨论。有一点必须提出来。如果上面的陈述能够得到承认，即我们生活在持续的时间而非瞬间之中，也就是说，当下在本质上占据了一段时间，那么，记忆和直接呈现之间的区分就不是根本性的；因为逐渐消退的现在总是与我们同在，当下也终会成为过去。我们的意识范畴既不是纯粹的记忆，也不是纯粹的直接呈现。总之，记忆也是意识中的一种呈现。

另一点与记忆相关的东西也值得注意。没有直接可感的当下事件与过去事件之间的时间关系。当下事件只与过去事件的记忆相关。但是，对过去事件的记忆本身就是意识中的一个当下部分。我们坚持的原则是，直接可比较的关系仅存在于意识的各部分之间，这些部分都存在于感知发生的当下。感知中的各部分之间的所有其他关系都是推理性的建构。因此，我们就有必要去解释，在事件流当中，辨别力是怎么建立起来的，表象世界为何无法坍缩成一个单一的现在。这些困难的问题可以通过如下的观察来解决：当下本身就是一段持续时间，也因此包括了直接感知到的各事件之间的时间关系。换句话说，由于当下包含了先前的与随后的事件，我们将当下置于与过去、未来同样的基础上，所以过去、当下和未来在这方面是完全类似的概念。因此，存在两个同样发生在当下的事件 a 与事件 b，但是，事件 a 会在事件 b 之前被直接地感知到。时间又继续流逝，事件 a 退隐于过去，事件 b 和事件 c 发生于新的当下的时间段，事件 b 先于事件 c，在相同的当下时间段中也存在着有关事件 a 与事件 b 的时间关系记忆。然后，通过一种推理性的建构，我们可以得出：过去发生的事件 a 先于当下发生的事件 c。按照这一原则进行下去，意识中各部分之间的时间关系，虽然并非发生在同一个当下，但也得到了确认。这里所解释的步骤方法，是我们所称的"聚合原则（principle of aggregation）"的第一个例子。这是心理建构的基本原则之一，按照这一原则，我们才建构了对外部物质世界的概念。我们在后面还会涉及其他的例子。

各部分之间的空间关系是混乱而变动的，总的来说它缺少精确性。解决问题的关键在于，我们要运用收敛原则的简化作用去缩小范围，将注意力集中到一些部分上面，这些部分中所包含的相互关系对于我们的理解力来说，是足够简单的。我们将其称作"收敛原则（principle of convergence）"。这个原则贯穿了感觉呈现的全部领域。

这个原则首先被运用于时间方面。时间越短，它所包含的感觉呈现就越简单。变化在其中引起的复杂影响就会减弱，在很多情况下甚至可以被忽略。我们的自然本性限定了我们的思维行为，让我们尽力去认识当下的内容，尽力把时间缩得足够短，以确保从更大部分的感觉流中剥离出这种静态的简单状态。

在短时间的近似于静态的感觉世界中，空间关系得到了简化。通过将这个静态世界再划分成一个个限定的空间内容，我们就得到了进一步的简化。由此得到的不同空间部分便具有了更为简单的相互空间关系，这里再次运用了收敛原则。

最后，将已经限定了空间和时间的各个部分，进一步细分，使各个部分在感觉类型、感觉品质和强度上具有同质特征，这样就获得了最终的简单性。这三个限定过程最终会产生上文提到的感觉对象。因此，感觉对象是我们借助收敛原则进行积极辨别过程的结果。它是我们在完整的感觉呈现流中寻求关系简化的结果。

感知的思维对象是一项基本自然法则，即客体稳定性法则的实例。它是关于感觉对象一致性的法则。这个对象稳定性法则可以应用于时间和空间问题；它也必须结合另一个法则，即会聚原则，一起应用于对象简化过程中，感觉对象就是从这个过程中产生的。

感觉呈现中的一些复合部分可以从以下特征进行区分：（1）感觉对象，如果属于单一感觉，并且涉及任何复合部分，那么，它的时间演替是由非常相似的对象构成的，这些对象的变化逐渐增加，并因此在复合部分中形成了一个同质的组成部分；（2）将复合部分限定于足够短的时间内，其感觉对象（属于不同感觉的对象）的空间关系只要在能够被确切理解的范围内，就是完全同一的，因此这些不同的组成部分每一部分都是同质的，"凝聚"起来构成了整个复合部分；（3）还有一些其他的与这个复合部分相关联的感觉呈现，我们可以利用从类似却具有其他空间和时间关系的复合部分中得出的原则，来确定这个复合部分，如果二者之间足够类似的话。我们把这些感觉呈现称为"相关的感觉呈现"。这种感觉呈现中的一个组成部分，如果从整体来看，在这里被称为"最初粗略的感知思维对象"。

例如，我们对着一个橙子看了半分钟，摸它，闻它，留意它在水果篮中的位置，然后转过脸去。在那半分钟里，有关橙子的感觉呈现过程就是最初粗略的感知思维对象。这里的水果篮则是相关的感觉呈现，我们将它视为橙子的支撑物。

将短时间里感知到的不同类型的感觉对象联合成最初粗略的
感知思维对象，本质上依据的是它们在空间关系上的一致性，也
就是说，通常这些关系可能只是被模糊地理解为具有近似的一致
性。因此，一致的空间关系将感觉对象联合成一个最初粗略的思
维对象，不同的空间关系将感觉对象分离，使其无法聚合成一个
最初粗略的思维对象。在有些感觉对象中，这种关联可能缺乏任
何推理的直接判断，因此初级的感知思维就是关于最初粗略的思
维对象的，而相互分离的感觉对象则是对记忆进行反思性分析的
结果。例如，视觉的感觉对象和触觉的感觉对象经常首先被关联
在一起，然后才会在思想中被分离开。但有时这种关联也是摇摆
不定的，比如，猫的叫声这一听觉对象与猫这一视觉对象之间的
关联。因此，总结起来，部分的感知汇合成感知的最初粗略思维
对象，即那只瞬间的猫，因为这些感知是发生于同一位置的，但
是这样说也同样是对的：因为这些感知属于同一瞬间的同一只猫，
所以它们发生于同一位置。把任何短暂当下时间内的完整感觉呈
现，拆分为各种最初粗略的思维对象，这种分析只是部分地符合
事实。原因之一在于，很多感觉对象，比如声音，具有模糊和不
确定的空间关系。例如与我们的感觉器官模糊地联系在一起的那
些空间关系，以及（在科学解释中）起源模糊的那些空间关系。

将半分钟内所感受到的橙子阐释为普遍意义上的橙子，这一

过程还涉及另外两个原则，即聚合原则和假设性感觉呈现原则。

这里所运用的聚合原则，是以这样的形式进行的：如果构成这些对象的许多部分是充分类似的，它们出现的时间不同，但相关的感觉呈现是充分类似的，那么许多有区别的最初粗略的感知思维对象，就会被视为一个感知的思维对象。

例如，现在离开橙子，五分钟后，我们再回来。一个全新的最初粗略的感知思维对象本身又呈现在我们眼前，我们无法将它与之前那半分钟里所感受到的橙子区分开来，因为它还在同一个水果篮中。我们将一个橙子的两次感觉呈现聚合成同一个橙子。通过这种聚合，我们得到的是"第二个粗略的感知思维对象"。但是，无论我们借助这种类型的聚合原则能前进多远，这个橙子都不止于此。比如，当我们说"如果汤姆没有吃掉那个橙子的话，它就还在橱柜里"，我们想表达什么意思呢？

现实世界比感觉呈现要丰富得多。我们自身具有情感、意志、想象、概念和判断。没有什么因素是单独进入我们意识，可以孤立存在的。我们正在分析的是感觉呈现与其他意识因素间的特定关系。到目前为止，我们只考虑了概念与判断这两种因素。要完成对橙子的感知，想象是必不可少的，也就是假设性感觉呈现的想象。争论我们是否应该具备这些想象，或讨论它们背后的形而上学真理是什么，这些都与我们的主题无关。我们在这里只关心这一事实,即这种想象是存在的,并且从根本上参与了感知的思维对象中概念的建构,而这些概念则是科学的第一手资料。我们把橙子视为感觉呈现的一个永恒聚集,似乎它们是我们意识中的一个真实元素,但事实上并非如此。这个橙子因此被构想成是橱柜中的一件东西,有着自己的形状、气味、颜色和其他特性。也就是说,我们想象了感觉呈现的假设的可能性,并认为它们在我们意识中的现实性与它们的实际存在无关。科学中必不可少的事实就是我们的概念;就自然科学而言,这些事实在现实中的形而上学意义并没有什么科学价值。

我们以这种方式完成感知的橙子即是感知的思维对象。

必须记住的是,在感知的思维对象形成的过程中所产生的判断和概念,主要是直觉判断和直觉概念,我们在采用它们之前并未进行有意识的探寻和有意识的批判。这种采用与我们对未来的期待交织在一起,我们希望假设逐渐变成现实,并且对其他意识存在进行进一步判断。因此,对一个意识来说是假设性的东西,对其他意识而言却是真实的。

实际上,感知的思维对象是我们搞清楚反思性意识关系的一个工具,这种关系就存在于感觉呈现的完整过程中。这个工具的效用是毫无疑问的,它是整个常识性思维结构得以确立的基石。但是,当我们考虑到它在应用方面的局限性时,就会出现令人不解的迹象。我们感觉呈现中的很大一部分可以被解释为对各种持续存在的思维对象的感知。但是，感觉呈现很难在任何时候都完全按这种方式来解释。视觉很容易介入这种解释之中，但它也会让人困惑，比如，想一想下面这些情况吧：镜子里的影像，一半在水中一半在外面的明显弯曲的棍子，彩虹，将对象遮蔽起来的光斑，还有很多类似的现象。声音又要困难得多，它在很大限度上常与对象相脱离。比如，我们看到了钟，但我们其实是听到了钟发出的声音。不过，我们也会说我们听到了钟声。还有，牙疼在很大限度上是孤立的，只是对牙神经的一种间接感知。我们从每种感觉类型中都可以发现同样的例证。

　　另一个困难产生于变化这一事实。思维对象被认知为一个事物，在每一瞬间都是完全真实的存在。但是，肉买来后是要烹饪的，草生长然后枯萎，煤在火中燃烧，埃及金字塔多年保持不变，但即使是金字塔，也不是完全没有变化。我们仅仅通过给一个假定的逻辑谬论贴上一个专门的拉丁文名称，来回避变化带来的困难。一块肉稍加烹饪还是同样的东西，但是如果将它放在烤箱里烤两天，它就会燃成灰烬。这块肉什么时候不再是肉了？思维对象的主要应用是将其作为此时此刻一个事物的概念，之后这个概念还会在另一个时间地点被加以辨认。这个概念充分适用于短时间内的大多数事物，也适用于长时间内的许多事物。但是，感觉呈现整体上却无法等同于概念。

现在，我们进入了对于解释的反思领域，也就是科学。

通过运用收敛原则的简化作用，我们可以立即消除大部分的困难。我们总是习惯性地使我们的思维对象过于庞大，我们应该从更小的部分来思考。比如，斯芬克斯的鼻子被削掉后，它的面像就发生了变化，但通过适当的探究，我们能够在西欧或北美的某个私人官邸找到它鼻子遗失的部分。这样，不管是斯芬克斯鼻子的剩余部分还是被削掉的部分，都重新获得了其永久性。此外，我们还可以将事物的组成部分设想得足够小，以便在最有利的情况下观察它们，通过这种方式去扩充解释。这是会聚原则在大自然中的广泛运用；但是，这一原则也得到了精确观察历史的充分支持。

因此，感知的思维对象的变化，大多被分解成更小的组成部分再加以解释，这些更小的组成部分本身也是感知的思维对象。在文明人类的共同思想中，预设的感知的思维对象几乎完全是假设性的。物质世界在很大程度上是一个想象的概念，它建立在直接感觉呈现的薄弱基础之上。但它依然是个事实，因为它实际上是我们想象出来的事实。因此，它在我们的意识中是真实的，就如意识里的感觉呈现也是真实的一样。进行反思性批判的努力，就在于使这两种存在于我们意识中的因素就它们的相互关联达成一致，也就是说，将我们的感觉呈现理解为假设性的感知思维对象的真正实现。

大规模地运用纯粹假设性的感知思维对象，使得科学能够去解释一些零散的感觉对象，即不能被纳入某个感知思维对象之中去解释的感知。比如，声音。但是，在迈出更为根本的一步之前，这些现象作为整体是无法用这个方法解释的，这就改变了物质世界的整体概念。也就是说，感知的思维对象被科学的思维对象取代了。

科学的思维对象是分子、原子和电子。这些对象的特点在于，它们去除了意识当中那些能够进行直接感觉呈现的所有特性。它们仅仅通过与它们相关联的现象而为人所知，也就是说，我们在意识中通过感觉呈现将它们表现为与其有牵连的一系列事件。通过这种方式，科学的思维对象被认为是感觉呈现的原因。从感知的思维对象向科学的思维对象的转换，这个过程被一个精巧的理论得体地掩盖了，这个理论便是关于实体的第一性的质和第二性的质（primary and secondary qualities）的区分①。

_____

① 关于实体的第一性的质和第二性的质的区分是认识论和形而上学中关于现实本质的概念区分，也可称为主要品质、次要品质。第一性的质是指独立于观察者的物的属性，比如坚固性、延伸性、运动状态、数量、形状等；第二性的质则是指观察者对于物所产生的感觉属性，如颜色、气味、味道、声音等。约翰·洛克（John Locke）在《人类理解论》中对此进行了明确阐述，伽利略、笛卡儿等早期思想家也做过类似区分。

通过这种方法，我们在思维中将感觉呈现表现为我们对事件的感知，而事件之中则暗含了科学的思维对象。这是一种基本的认知方式，它在模糊易变的感觉和确切清晰的思维之间构架了一座桥梁。在思维中，一个命题要么是真的，要么就是假的，一个实体就是它本身的样子，实体之间的关系可以通过明确认定这些实体的命题来（在概念上）表达。除非是出于礼貌，否则我们可以说，感觉认知对这些事情一无所知。在探究的某个阶段，准确性基本上就瓦解了。

3. 时间与空间

概要——感知的感觉对象之间存在时间关系和空间关系。要把这些感觉对象区分为不同的对象，可以通过认识以下某个方面来实现:（1）感觉内容（sense-content）上的差异;（2）除了同时性之外的时间关系;（3）除了共同存在之外的空间关系。因此，在完整的感觉呈现过程中所形成的比较，产生了感觉对象，也就是说，通过比较它们的关系，来认识相关概念的对象。在种类方面，感觉内容的差异极其复杂。在一般概念的主题下分析这些差异，是自然科学永无止境的任务。时间关系和空间关系相对比较简单，进行这些分析所依据的一般概念是显而易见的。

　　时间和空间比较简单，这或许是思维选择它们作为区分对象的永恒基础的原因，不同的感觉对象由此得以分类，并被作为最初粗略的感知思维对象，然后，就如上文描述的那样，我们获得了一个感知的思维对象。因此，一个发生于当下短暂时段里的感知的思维对象，便是一个最初粗略的感知思维对象，它要么是实际的，要么是假设性的。这样一个限定在短暂时段内的感知思维对象，呈现出它的组成部分在同一时间内的空间关系。相应地，在整体范围内被构想出来的感知思维对象，它们之间都具有它们整体存在期间的时间关系，并且在任何一个短暂时段内，它们的组成部分都具有在那段时间内的空间关系。

　　这些关系紧密联系在一起，感知的思维对象也因此在时间和空间上相互关联。对感觉呈现的客观分析，源于我们认识到了感觉对象在时间关系和空间关系上有着不同的概念，这样，感知的思维对象就在时间上和空间上被区分开来了。

　　整体与部分——一个感觉对象是整体感觉呈现过程中的一部分。这种"作为一部分"的概念，仅仅陈述了一个感觉对象与意识的整体感觉呈现之间的关系。一个感觉对象也可以是另一个感觉对象的一部分。"作为一部分"有两种方式，即作为时间上的一部分和作为空间上的一部分。这些时间部分和空间部分的概念看似是基础性的，也就是说，它们表达的都是直接呈现在我们面前的关系，而不是关于概念的概念。在这种情况下，我们不可能对实际呈现作进一步的界定。尽管如此，我们仍有可能阐明这种呈现得以发生的适当准则。比如，如果暂时采取现实主义的形而上学观点，去解释由分子和电子组成的物质世界的存在，那么，我们就基本上无法解释某个特定的人所看到的存在于某个特定时间的一把椅子。尽管我们每个人都可以猜想到，在相似的环境下，那个人所看到的与我们所看到的一定极其相似，但是，那就是他的看法。不过，这些确定的分子和光波的存在构成了产生他看法的适当准则，因为这些存在与他的身体感觉器官有着某些确定的关系，而他的身体也处于某种确定的状态中。这一准则会被科学的"法院"接受，自然科学也就无声无息地取代了他的看法。

"整体与部分"与"全部与一些"之间的联系是十分密切的。只要是关系到直接表现的感觉对象，都可以如此去解释。如果不存在第三个感觉对象同时是两个感觉对象的一部分，那么，我们就称这两个感觉对象是"分离的"。如果满足以下条件：(1) B 和 C 都是 A 的组成部分，(2) B 和 C 是分离的，(3) A 中没有哪个部分与 B 和 C 是分离的，那么，一个对象 A 便是由两个对象 B 与 C 构成的。在这种情况下，由两个对象 B 与 C 构成的类别 α 便往往在思维中代替了感觉对象 A。但是，这个过程预设了"整体与部分"的基本关系。相反，对象 B 和 C 可能是实际的感觉对象，但对应于类别 α 的感觉对象 A 可能仍然是假设性的。例如，我们生活于其上的这个圆形的世界仍然是个概念，它在任何时间、任何人的意识中都不会对应于单个的感觉对象。

然而，我们有可能发现某种模式，把外延的对象之间的"整体—部分"关系，设想为逻辑类别上的"全部——些"关系。但在这种情况下，这里构想的外延的对象，就不是呈现于意识当中的真正感觉对象。因为这里所构想的感觉对象中的一部分是同类型的另一个感觉对象；因此，一个感觉对象不可能是一个由其他感觉对象组成的类别，就像一把茶匙不可能是一类其他的茶匙一样。将"整体—部分"简化为"全部——些"，在思维中一般是通过描述点来完成的，也就是说，一个对象中的部分占据了整体对象中的一些点。如果有人坚持认为，在他的意识中，感觉呈现是"点对象（piont-objects）"的一种呈现，一个外延的对象只不过是在思维中聚集起来的一类"点对象"，那么，这种一般方法就是完全令人满意的。我们就可以假设这种直接感知到的"点对象"的概念与事实无关，并在此基础上继续前行了。

在前面关于"思维的组织"的那一章中，我提到了另一种方式。但是，这种方法只适用于感知的思维对象，不涉及这里所考虑的初级感知对象。因此，它必须被认为是适用于思维后期阶段的次要方法。

因此，时间中的"点对象"和空间中的"点对象"，以及时空当中的双重"点对象"，都必须被看作知识建构。基本的事实在于，同时在时间和空间上加以延展的感觉对象，它与其他这样的对象具有"整体—部分"的基本关系，当我们通过一系列相继包含的部分在思维中感知它时，我们将服从趋向简化的收敛原则。

"整体—部分"关系是一种时间或空间关系，因此它首先是感知的感觉对象之间存在的一种关系，而且它只是在衍生意义上可以被归于这些感觉对象所组成的感知的思维对象。从更普遍意义上来说，空间和时间关系主要存在于感知的感觉对象之间，然后在衍生的意义上维持于感知的思维对象之间。

点的定义——现在可以研究时间点和空间点的起源了。我们必须区分的是：（1）感觉时间（sense-time）和感觉空间（sense-space）；（2）感知的思维时间（thought-time of perception）和感知的思维空间（thought-space of perception）。

感觉时间和感觉空间是实际观察到的感觉对象之间的时间关系和空间关系。可能除了极个别的例子外，感觉时间和感觉空间是没有点的，也不足以让人想起点这一逻辑概念；感觉时间和感觉空间也是不连续的和不完整的。

感知的思维时间和感知的思维空间是感知的思维对象之间存在的时空关系。感知的思维时间和感知的思维空间都是连续性的。

这里的"连续"是指，所有感知的思维对象，其彼此之间都有一个时间（或空间）关系。

点的起源是充分运用收敛原则简化的结果。如果不运用这个原则，一个点只不过是一种笨拙方法，将注意力引向一组感知的思维对象之间的某组关系，就真实的思维对象而言，这组关系尽管是真实的，但（在这种假定之下）却没有什么特别的价值。因此，时间点与空间点的概念在自然科学中已被证实了的价值，是对会聚原则的广泛适用性的颂赞。

欧几里得对点的界定是，没有组成部分，也没有大小。在现代语言中，点常被描述为通过无限地持续减小体积（或面积）而得到的理想极限。这样构想出的点通常被称为便利的虚构。这么说有些模棱两可。虚构是什么意思？如果意味着不对应任何事实的一个概念，那么就很难去理解点在自然科学当中的作用。比如，去虚构一个居住在月亮上的身着绿大衣的红种人，这永远都不可能对科学有用处，因为它不符合任何事实——正如我们推测的那样。将点的概念称为便利的虚构，意味着这个概念确实符合某些重要事实。那么，在这种模糊暗示的地方，就需要对概念符合的事实是什么进行准确的解释。

将点解释为一种理想极限，这对我们并没有多大帮助。什么是极限？极限的概念在级数理论和函数值理论中都有明确的含义，但这两种含义在这里都不适用。我们可以看到，在极限的一般数学意义得到明确解释之前，点作为极限的概念被认为是只能通过直接直觉才能理解的概念之一。我们目前还没有接受这个观点。因此，我们又会面对这样的问题：当一个点被描述为一种理想极限时，它意味着什么样的精确属性？以下的讨论便试图从感知的思维对象（它们是因"整体—部分"关系而关联在一起的时间关系或空间关系）的角度去表达点的概念。如果这是更好的选择，那么我们便可以认为，这种讨论的目的在于对"整体—部分"关联中经常使用的术语"理想极限"进行精确阐释。

我们可以借助一个小的符号让随后的解释简单一些：用 aEb 表示"b 是 a 的一部分"。至于我们说的是时间部分还是空间部分，这不需要决定；但无论做出哪种选择，都必须将其贯穿到任何相关的讨论中。符号 E 可以被认为是"包含（encloses）"的首字母，因此我们将"aEb"读作"a 包含 b"。此外，"E 域（field of E）"指的是要么包含要么被包含的一组事物，也就是说，对于任何事物"a"，都能够找到一个 x，使得 aEx 或 xEa 成立。E 域中的组成部分被称为"包含对象（an enclosure-object）"。

现在，我们假设这种"整体—部分"关系将被称为"包含"关系，而且总是满足以下条件：包含关系（E）是（1）可传递的；（2）不对称的；（3）它的域包括它的逆域（converse domain）。

这三个条件值得稍做思考：只有前两个条件体现了假设性，这种假设在推理中是不可或缺的。

条件（1）可被描述为：条件 aEb 和 bEc 总是隐含着 aEc。事实是，可以找到一个实体 b，使得 aEb 和 bEc 可被看作 a 与 c 之间的关系。这种关系自然可以写成 E^2。因此，这个条件就可以写为：若 aE^2c，则 aEc。这还可以用其他方式表达为：关系 E^2 暗含了只要它成立，关系 E 就成立之意。

条件（2）部分是一个纯粹琐碎的定义问题，部分则是一个重要的假设。不对称关系（E）是指，aEb 和 bEa 永远不能同时成立。这个性质可以分为两个部分：（1）aEb、bEa 和 "a 不同于 b" 这样的情况不会出现；（2）不可能出现 aEa 的情况。第一部分是一个重要的假设，第二部分（对我们来说）则变成了琐碎的惯例，即我们不会把一个对象视为其本身的一部分，而是将注意力集中于 "适当的部分"。

条件（3）是指，aEb 总是暗含着这样的意思，即能够找到一个 c，使得 bEc 成立。这个条件，连同我们只考虑适当的部分这一事实，确立了延展对象在时间和空间上都具有无限可分性的原则。

一个不可分的部分在时间上缺乏持续性，在空间上缺乏延展性，因此与可分部分相比，它在本质上是具有不同特征的一个实体。如果我们承认这些不可分的部分是唯一真实的感觉对象，那我们接下来的阐述就没有必要了。

然后我们就会发现，有必要加入第四个条件，因为无穷多的选择带来了逻辑上的困难。我们没有必要深入研究这个问题，它涉及对抽象逻辑的艰难思考。结果是，除了假设之外，我们无法证明集合的存在，每一个集合都包含了在此被称作点的无穷多的对象，对此我们将立即加以解释。

现在就让我们考虑一个集合的包含对象，它具有以下性质：（1）在任意两项中，一个包含另一个；（2）没有哪一项是被所有其他项包含的；（3）在该集合的对象之外，并不存在一个包含对象，可以被该集合中的每一项包含。我们将这个集合称为"包含对象的收敛集合（convergent set of enclosure-objects）"。当我们从大到小收敛这一系列对象时，显然我们就会趋向于理想的简化，直至逼近我们想要达到的程度，这一系列对象作为整体就会循着近似的路径体现为完全理想的对象。再重申一次，这一系列对象事实上就是由近似性构成的路径（route of approximation）。

现在，我们必须探究，对于每一条这样的收敛路径，收敛原则的简化作用是否都有望得到同样类型的简化。答案正如我们所预料的那样，也就是说，这取决于被简化的对象的性质。

比如，想想它在时间上的运用。目前，时间是一维的。所以，当这种一维特性通过适当条件（这里就不作说明了）被表达出来时，一组包含对象的收敛集合就会循着由近似性构成的路径，在一个独特的瞬间展现出时间的特性，正如欧几里得定义设想的那样。因此，无论将收敛原则运用到时间上要达到什么样的简化，它都必须循着任何这样的近似性路径展现出时间的特性。

对空间来说，就需要做不同的考虑。由于空间的多维性，我们可以显示不同的包含对象的收敛集合，它们表明不同的近似性路径，展现不同类型的收敛简化，这可比其他对象复杂多了。

比如，想象一个高 h 英尺、宽 b 英尺、长 c 英尺的矩形盒子。现在，使 h 和 b 保持不变，让与高垂直的中心面（高 h，宽 b）固定，然后使 c 无限减小。我们就会获得由无限多个盒子组成的会聚系列，并且永远不会有最小的盒子。这个收敛系列展现出向简化类型的近似路径，它表现为一个高为 h、宽为 b，且没有厚度的平面。

接着，我们把中心线即高 h 固定，使 b 和 c 无限减小，这个系列便收敛为一条长为 h 的线段。

最后，仅仅固定中心点，使 h、b 和 c 都无限减小，这个系列便收敛为一个点。

此外，我们到现在为止还没有引入这样的概念：阻止空间中分离的碎片构成一个包含对象。这样，我们就可以轻易地想象出一个收敛集合，它们收敛为空间中的许多个点。比如，该集合中的每一个对象都是由半径为 r 的两个不重叠的球体构成，球心分别是 A 和 B。然后将 r 无限减小，同时固定 A 与 B，我们就将其会聚到 A 与 B 两个点上。

现在仍然需要考虑的是，通过利用建立在包含关系上的概念，如何将收敛于一点的这些收敛集合与所有其他类型的此类集合区分开来。

让我们用希腊字母来命名收敛集合，然后循着任何这样的集合"向前"推进，我们就能理解从大到小不断收敛构成集合的包含对象的过程。

如果收敛集合 α 的每一元素都包含了收敛集合 β 的一些元素的话，那么，我们可以说 α"覆盖"了 β。我们注意到，如果一个包含对象 x 包含了 β 中的任意元素（y），那么，从 y 起沿着集合 β"尾端"向前推进的每一元素，必定都被 x 包含。这样，如果 α 包含了 β，那么，α 中的每个元素都包含 β 尾端中的每一元素——从 β 中被 α 包含的最大元素开始。

两个收敛集合彼此包含，这是有可能的。比如，令一个集合（α）是一组会聚于球心 A 的同心球，另一集合（β）是一组同心立方体，位置相似，收敛于同一个中心点 A。那么，α 与 β 将相互覆盖。

让我们把这样两个彼此覆盖的收敛集合称为"相等"。

那么，如果每个收敛集合被另一个集合覆盖且与它相等，那这就是确保一个收敛集合 α 具有收敛类型的点的充分条件。也就是说，如果"α 覆盖 β"总是意味着"β 覆盖 α"的话，那么，α 就是一个有着准确收敛类型的收敛集合。

我们通过简单的例子很容易就可以看到，其他收敛于面、线或点的集合的类型都不具有这种特性。比如，前面的说明中提到了三个矩形盒子的收敛集合，它们分别收敛到一个中心面、中心面上的一条中心线、中心线上的一个中心点。第一个集合覆盖第二个和第三个集合，第二个集合覆盖第三个集合，但是，没有哪两个集合是相等的。

更难的一个问题是，要确定这里所指出的作为确保收敛的准确类型的充分条件是否也是必要条件。这个问题取决于，在阐述准确的数学上的空间概念之前，感知的思维对象在多大限度上具有确切的边界。如果它们被认为具有这样的确切边界，那么，就必须考虑在这种边界上收敛于点的收敛集合。这就需要对完整的准确条件进行说明，于是整个过程会变得非常复杂，[①] 我们在这里

---

① 参阅: Révue de Métaphysique et de Morale，1916 年 5 月。作者在一篇文章——*La théorie relationniste de l'espace* 的最后处理了这个问题。（1928 年补注：这篇文章写于 1914 年，同年 5 月在巴黎的一个会议上宣读过。我现在并不认为它避开了这个难题。我在 1928 年的吉福德讲座中重新思考了这一主题。）——作者原注

就不做考虑了。

但是，像这种涉及确切空间界限概念的精确确定过程，似乎并不属于感知的真正思维对象。一个确切界限的归属确实属于思维的过渡阶段，因为思维从感知的思维对象转向了科学的思维对象。从直接呈现的感觉对象到感知的思维对象，这种过渡在历史上是在思维摇摆不定的发展过程中形成的。我在这里划分出确定的阶段，只是想证明一种从逻辑上解释得通的过渡是可能的。

因此，我们假定以上规定的条件，即确保包含对象的一个收敛集合为准确收敛的条件，不仅是充分的，而且是必要的。

可以证明，如果两个包含对象的收敛集合都与第三个收敛集合相等，那么它们彼此相等。现在考虑任意一个准确的收敛集合（α）。我们想将"点"界定为，α 是一条由近似性构成的"点"的路径，该方式是介于 α 和其他所有等于 α 的收敛集合之间。这些集合每一个都像 α 一样，是由近似性构建的"点"的路径。如果我们把点定义为由 α 或等于 α 的任意收敛集合中的全部包含对象所构成的类别，那么这个定义就是牢靠的。我们用 P 来表示这个包含对象的类别。那么，任意一个收敛集合（β），其包含对象完全选自类别 P 中的元素，那么 β 必定是近似同一个"点"的路径，就如原来的准确收敛集合 α 一样。也就是说，假如我们从 β 中选择一个足够小的包含对象，我们总能在 α 中找到一个来包含它的元素；假如我们从 α 中选择一个足够小的包含对象，我们也总是能从 β 中找到一个来包含它的元素。那么，P 只包括准确类型的收敛集合，从 P 中选择的任意两个收敛集合所隐含的近似性路径将收敛于同样的结果。

点的用途——点的唯一用途就是方便运用收敛原则的简化作用。当我们在时间或空间上充分限定对象时，借助这个原则，就会在适当情况下实现某些简单的关系。点的引入使这个原则可以贯彻到理想极限。例如，假设 $g(a, b, c)$ 表示的是关于三个包含对象 a、b、c 的某种陈述，当这些对象在范围上被充分限定时，它是成立的。假设 A、B、C 是三个给定的点，那么我们就可以将 $g(A, B, C)$ 定义为，无论如何选择三个包含对象 a、b、c，使 a 是 A 中的一个元素，b 是 B 中的一个元素，c 是 C 中的一个元素，那么，我们总能在 A、B、C 中找到三个其他元素，即 A 中的元素 x，B 中的元素 y，以及 C 中的元素 z，使得 aEx、bEy、cEz，以及 $g(x, y, z)$ 成立。因此，通过充分深入 A、B、C 的尾端，我们总能够确保有三个对象 x、y、z 使得 $g(x, y, z)$ 是正确的。

例如，假设 $g(A, B, C)$ 表示"A、B、C 是一条直线上的三点"。这必须解释为，不管我们如何选择三个对象 a、b、c，它们分别是 A、B、C 中的元素，我们总能发现三个对象 x、y、z，它们也分别是 A、B、C 中的元素，使得 a 包含 x，b 包含 y，c 包含 z，而且 x、

y、z 也在一条直线上。

有时候，我们需要双重收敛，即条件的收敛和对象的收敛。比如，考虑一下这个表述："点 A 和点 B 相距两英尺"。在这里，"相距两英尺"这一准确表述并不适用于对象。对于对象 x 和 y，我们就必须将此表述替换为，"x 和 y 之间的距离在极限（$2 \pm e$）英尺之间"。这里的 e 是我们为了作此表述所选择的小于 2 的某个数字。那么，点 A 和点 B 相距两英尺；如果不管我们如何选择数字 e，不管分别作为 A 和 B 元素的包含对象 a 和 b 是什么，我们认为，我们总可以找到分别作为 A 和 B 要素的包含对象 x 和 y，使得 a 包含 x，b 包含 y，并且 x 和 y 间的距离介于极限（$2 \pm e$）英尺之间。显然，既然我们能随心所欲地选择尽可能小的数字 e，那么这个表述便确切地表达了 A 和 B 相距两英尺的条件。

直线和平面——但是，直线和平面的知识建构问题还没有得到充分的分析。我们已经解释了"三点或三个以上的点共线"这一表述的含义，同样也可以明白如何去解释"四点或四个以上的点共面"这一表述的含义，无论是哪种情形，都是从关于外延对象的模糊表述中得出精确的几何表述。

这个过程只考虑了几组数量有限的点。但是，直线和平面被认为是由无数的点构成的。直线和平面的完成是通过再次运用聚合原则而实现的，就像一组最初粗略的感知思维对象被聚合成一个完整的感知思维对象一样。以这种方式，我们会反复得到若干组点共线的判断，最后，当满足某些交错条件时，这些判断就会聚合为一个判断——群组中所有的点构成了一个整体的共线群组。同理，我们可以判断共面性。这个逻辑上的聚合过程，在其精确的逻辑分析中可以表现出来。但是，我们在这里无须进入细节层面。因此，我们认为点可以分类为平面和直线，这涉及各种各样的几何原理。这些原理，在本质上需要点的概念作为支撑，因此能够被视作关于延展对象之间关系的模糊、不太精确的判断。

真空——我们一定能够观察到，迄今所定义的点，必然涉及感知的思维对象，并且存在于被这些对象占据的延展空间中。确实，这些对象大部分都是假设的，我们可以在假设中引入足够多的对象来完成我们的直线和平面，但每一个这样的假设都会削弱我们关于大自然的科学概念和实际观察到的事实之间的联系，而这些事实涉及实际的感觉呈现。

奥卡姆剃刀（Occam's razor）定律——"若无必要，勿增实体"——并不是纯粹基于优雅逻辑得出的一个武断法则。它的运用也不仅局限于形而上学的推测。我不了解它对形而上学有效的确切原因，但其科学有效性是显而易见的，也就是说，每一次使用假设性的存在，都会削弱以下的断言：科学推理是思维与感觉呈现二者之间和谐一致的必然结果。随着假设的增长，必然性在削弱。

　　常识性思维也支持这一点，即拒绝去认为所有空间本质上充满了假设性对象。我们认为填充空间的是物质对象，但我们要问，在地球和太阳之间，在星与星之间或者在星星之外，是否还有对象存在。对我们来说，空间就在那儿；唯一的问题是，它是不是被充满的。但是，这种提问方式预设了真空的含义，也就是说，预设了不包含假设性对象的空间。

　　这就提出了对点的概念的更广泛运用，也使得更广泛地定义点的概念成为必要。到目前为止，我们认为点表明了对象之间的包含关系。于是，我们得到了目前称为"质点"的概念。但是，点的概念现在可以转而表明外部关系的可能性，而不是那些包含关系。这是通过扩大理想的点的概念而实现的，这一点已为几何学者们所知晓。

　　我们将"质线"定义为共线点组成的完整共线类别。现在，考虑一下包含特定质点的质线集合。我们将这样一个线的集合称为一个理想的点。这个线的集合表明了一种可能性的位置，实际上，这个位置是由所有质线共有的质点所占据的。因此，这个理想的点是被占据的理想的点。现在让我们考虑一个由三条质线构成的集合，其中任意两条线共面，但整体三条质线并不共面，再进一步考虑质线的完整集合，使得每一条都与最初选择的三条质线中的一条共面。有关质线的原理让我们能够证明，这个集合中的任意两条线都是共面的。那么，根据理想的点的一般性定义，整个质线的集合包括原先的三条线，就构成了一个理想的点。这样一个理想的点可能是被占据的。在这种情况下，这个集合中的所有质线存在一个共有的质点，但它可能是未被占据的。那么，理想的点只表示了未被实现的空间关系的一种可能性。它就是真空的点。因此，理想的点，可能是被占据的或是未被占据的，都可以作为几何这门应用科学中的点。这些点分布在直线上和平面内。但是，对这个问题的任何深入讨论，都会将我们带到几何原理的专门主题上与它们的直接影响中。关于几何学是如何从空间关系理论中产生的，我们已经说得够多了。

这样构想出来的空间，便是物质世界的思维空间。

4. 力场

科学的思维对象被认为与以上这种思维空间直接相关。它们的空间关系存在于这种思维空间中的点所表示的关系之中。这些关系在科学中的出现，只不过是早已内在于常识性思维中的一些过程的进一步发展。

完整的感觉呈现中的关系，可以通过感知思维对象的概念在思维中呈现出来。不是所有感觉呈现都可以通过这种方式呈现，思维对象的改变和消失也会引起思维的混乱。我们可以尝试通过具有第一性的质和第二性的质的永久性物质的概念，来减少这种混乱，让思维回归有序状态。最终，这会导向第二性的质，认为这是对由对象所引发的事件的感知，但是感知到的这些内容又完全与对象无关。感知的思维对象也被分子、电子和以太波（ether-waves）代替，直到最后，它们不再是被感知到的科学的思维对象，而是与它们相关的一系列复杂事件。如果科学是正确的，那就没人能感知到事物，只能感知到事件。结果就是，目前在很多地区尚存的比较古老的哲学语言，当它们与科学的现代概念联系在一起时，就会令人感到困惑。哲学——准确地说，比较古老的哲学——认为事物是直接被感知的。根据科学思维，终极的事物是无法被感知的，感知本质上产生于一系列事件。这两种观点是无法调和的。

现代科学概念的优势在于，它能够"解释"感觉呈现那易变、模糊的轮廓。现在，感知的思维对象被认为是一个相对稳定运动状态的巨大的分子群体，它们处于持续变化之中，但保持着某种同一性的特征。那些零散的感觉对象并不直接作为感知的思维对象的一部分，它们现在也是可以解释的了：跃动的反射光、模糊的声音、气味等。事实上，作为完整感觉呈现的感觉对象，或作为感知的思维对象，科学世界里被感知的事件缺乏界定，拥有同样的普遍定义和定义的匮乏，也拥有同样的普遍稳定性和稳定性的匮乏。

科学的思维对象，即分子、原子和电子，都获得了永久性。事件被还原为空间结构上的变化。决定这些变化的法则是自然界的终极法则。

物质世界的变化法则是建立在假设的基础之上的，即世界的先前状态决定了其变化的特征。因此，要了解世界的结构与事件，乃至包括每个瞬间的情形，就需要足够的数据，并从中判定事件自始至终的连续性。

但是，在追溯事件前因的过程当中，常识性思维在处理感知的思维对象构成的世界时，会习惯性地假定：大量的先前事件被忽略，因为它们被认为是不相关的内容。对于原因的思考便会局限于之前短暂时间内的少数事件。最终，在科学思维中，人们假定：考察在过去任意短时段内所发生的事件便足够了。因此，根据这个理论，某个瞬间的物理量（physical quantities）及其连续微分系数所能达到的任何数量级，就足以决定那个瞬间之后任何时候的世界状态，但是它们在那个瞬间之前却只有有限的价值。人们还假设了更多的特别法则。但是，对它们的探寻都是由这一普遍原则引导的。人们还假设，物质世界的大量事件都不会引发任何特殊效果，这些特殊效果被假定为产生于相对较少的先前事件。这些假设是从人类的经验中产生的。人生的第一课就是专注于感觉呈现中的少数几个因素，以及更少的感知思维对象。

我们的思维有意识或无意识地被一项原则引导着，即在寻求特殊原因的过程中，时间上的久远和空间上的遥远就是影响相对较小的证明。这项原则的极端形式就是否认遥远时空中发生的任何作用。以原初形式接受这项原则有些困难，原因在于，既然事件不存在连接点，那么，只有同时存在的物体才能对彼此产生作用。我认为这个困难是无解的，也就是说，要么物体具有同样的位置，并因此而同时存在；要么它们处于不同位置，并因此相隔一段距离，便不能对彼此产生作用。

通过假设有一种持续分布的物质以太（ether），并不能解决这个困难。原因有二：首先，以太的持续性并不能避免以上的困境；其次，这个困难既存在于时间中，也存在于空间中，以上的困境将会证明，因果关系不可能带来变化，也就是说，状况变化不可能是先前情况的结果。

另一方面，空间中两个分离的物体之间的直接相互作用，确实违反了距离概念中暗含的物质的分离和空间关系。可以假设存在远距离作用，就像否定这种作用一样，这并没有逻辑上的困难。但是，它与常识性思维中的持续性假设是相互矛盾的，而科学的主要任务，即通过最小的调整，来协调常识性思维与感觉呈现之间的关系。

现代科学确实不关心这一讨论。它（不被承认）的概念的确非常不同，尽管在口头解释上这些概念保留了先前时期的形式。概念上发生变化的关键在于，旧的科学思维对象具有一种简单性，而这种简单性不属于整体的物质世界。它被隔绝在一个有限的空间区域内，它所处环境的变化只能从不构成其本质的那些力中产生。引入以太，就是为了解释这些被动的思维对象之间的能动关系。整个概念都受上面提到的这些逻辑困难的困扰。从以太的可释性意义上说，我们也无法形成这种清晰的概念。它拥有一种被早先的思维对象拒之门外的活动类型，也就是说，它带有潜在的能量，而原子仅具有动能，所谓原子的潜在能量实际上属于周围的以太。事实是以太实际上被排除在"没有远距离作用"这一公理之外，这个公理因而也丧失了其全部效力。

现代的科学思维对象虽还未得到明确的承认，但它具有整个物质世界的复杂性。在物理学中，如同在其他领域一样，人们业已默默放弃从简单中推导出复杂这一无望的努力。我们的目标不是简单性，而是持久性和规律性。从某种意义上说，规律性就是某种简单性。但是，它是对稳定的相互关系的简化，而不是对没有内部结构类型或关系类型的简化。这种现代的科学思维对象充满了整个空间。它是一个"场（field）"，也就是说，它是遍及空间的标量与向量的一种特定分布。这些量持续地分布于空间与时间中，在每个时间点的每个空间点上都有各自的值，但也可能会有些例外的间断。在每个时间和空间点上，形成这个场的不同类型的量彼此间具有固定的关系。这些关系就是自然的终极法则。

例如，一个电子。电流中有一个标量分布，这就是通常所说的电子。这个标量分布在时间 t 和在任意一点 (x, y, z) 上具有体积密度 ϱ。因此，ϱ 是 (x, y, z, t) 的函数，除非在一个限定的区域内，这个函数都为零。此外，在任意时间 t（作为一个必不可少的附加条件），在每个点上都存在一个持续的空间分布，这个点包含两个向量，分别是电力 (X, Y, Z) 和磁力 (α, β, γ)。最后，电子的特性被归于标量电子分布，所以它除了在量上守恒（这涉及假定的法则），还有可能赋予速度，有了速度，这个分布中的不同个体部分便处于运动中。我们可以令 (u, v, w) 表示它在时空点 (x, y, z, t) 上的速度。

这种完整的标量和向量，即 ϱ，(X, Y, Z)，(α, β, γ)，(u, v, w) 是通过电磁感应定律互相联系起来的。我们从这些定律可以推断，从标量分布 ϱ 的意义上来说，电子可被认为是在每个瞬间、由自身散播出的一个放射能，它在真空中以光速向外散播，据此，可从中计算出 (X, Y, Z) 和 (α, β, γ)，只要它们源于那个放射能。因此，在任何时候，由电子产生的作为整体的场，取决于电子的先前历史，越靠近电子，相关历史就越近。这样一个场的整个体系就是一个单一的科学思维对象：电子与它的放射能形成一个基本整体，即一个科学的思维对象，它本质上十分复杂，并且充满了整个空间。电子的特性，即标量分布 ϱ，是整体的焦点。焦点的基本属性在于，这个场在任何瞬间都完全由焦点及其历经的全部先前时间的空间关系决定。但是，这个场和焦点并不是独立的概念，它们本质上都与一个有组织的整体相关联，也就是说，它们本质上是同一关系场中相互关联的术语，通过这些术语，实体才进入我们的思维。

根据聚合的线性法则，一组电子所构成的场是叠加的，即同类标量的单纯相加，以及同类向量按平行四边形法则累加。每个电子的运动变化都完全取决于它所占据的区域中的合成场。因此，一个场就可以被看作一种行动的可能性，但这种可能性代表了一种现实性。

值得注意的是，这里包括了两种涉及因果关系的观点。任何空间区域中的完整的场，都依赖于所有电子过去的历史，历史与它们的距离成比例地向后延展。也可以认为这种依赖是一种传播。但是，在考虑那个区域内影响电子变化的原因时，它就只是区域内的那个场，那个从时间与空间上都与电子相一致的场。

这一过程将现实视为可能性的基础，它是一个统一的过程，通过它，规律性和持久性被引入科学思维，也就是说，我们从事实的现实性走向可能的现实性。

和这一原则相一致，命题是从真实的思想表达中得来的结果，感知的思维对象来自天然的感觉对象，假设性的感知思维对象来自真实的感知思维对象，质点来自无数组的假设性感知思维对象，理想的点来自质点，科学的思维对象来自感知的思维对象，电子的场来自实际电子的实际相互反应。

这个过程是对逻辑关系的永久性、一致性和简化性的研究。但是，它不会导致内部结构上的简化。每个最终的科学思维对象都保留了整个科学世界的每个特性，不过是以永久性和一致性的形式保留这些特性的。

5. 结论

我们是从排除价值判断和本体论判断开始的，现在，又以召回它们作为结束。价值判断不是自然科学结构中的一部分，但却是自然科学产生的一部分动机。人类建立了科学的大厦，因为他们判断出了科学的价值。换句话说，这些动机涉及无数的价值判断。而且，人们需要有意识地选择在科学领域的哪些部分进行耕耘，而这些有意识的选择就涉及价值判断。这些价值可能是审美的、道德的或实用主义的，也就是说，这些判断关系到结构之美、探索真理的责任，或满足物质需求的实用性。但无论动机是什么，缺少了价值判断，科学就不会存在。

再者，人们没有因为缺乏兴趣而把本体论的判断排除在外。事实上，它们被预设在生活的每一次行动中：在我们的感情里，在我们的自我约束里，在我们的建设性努力当中。它们也被预设在价值判断中。本体论判断的困难在于，在协调最初的常识性判断的方法上，人们缺乏一致性的意见。

科学并没有减少人们对形而上学的需要。这种需要显得最为迫切的地方，与上面提到的"将现实视为可能性的基础"有关。稍做解释可能会让这个论点更加清晰，尽管其中会颇为鲁莽地涉及形而上学的高深之处，而这并非本文要探索的目标。

在我们粗枝大叶的讨论中，主体和客体的概念包含了两种不同的关系。一是整体感知意识与它自身部分内容间的关系，比如，一个感知意识与对它而言明显是红色的物体之间的关系。二是感知意识与一个实体间的关系，这个实体并不因为是意识内容中的一部分而存在。就感知意识所能了解到的程度而言，这种关系必定是推论出来的关系，这种推论源于对感知意识内容的分析。

这些推论的基础必须是意识中直接为我们所知晓的要素，即超越它们在意识中的直接呈现。这些要素是普遍的逻辑真理、道德和审美真理，以及体现在假设性命题中的真理。这些是直接的感知对象，不同于感知主体的纯粹情感。它们的特性是，它们既属于单独主体的直接呈现中的一部分，但又远多于此。所有其他的存在，都是推论出来的存在。

在本章中，我们更直接地关注了假设性命题中体现出来的真理。我们一定不能把这种真理，与我们在判断自然现象的未来进程时所产生的任何疑惑混为一谈。一个假设性命题就像一个类别判断，可能存在疑惑，也可能不存在疑惑。它也像类别判断一样，表达的是一个事实。这个事实具有二重性：作为意识中的一个呈现，它就是这种假设性判断；而作为类别事实的表达，它陈述的是一种超越意识的存在于由此推论出来的实体之间的关系。

但是，这种形而上学的分析，即使很短，也有可能是错的，充其量只能博得部分赞同。当然，这种赞同将会引出我想要表达的观点。自然科学建立在思维要素的基础之上，例如，表达真实感知的判断，以及表达在特定情况下可能会实现的假设性感知的判断。它们需要形而上学的分析，但它们属于形而上学所立足的那些资料。拒绝它们的形而上学都已失败，而自然科学一旦无法将它们协调到自身的理论中，也会以相同的方式失败。

科学只是使得形而上学的需要变得更为迫切了。科学本身对于解决形而上学的问题很少有直接贡献。但是，它的确贡献了一些东西，即阐述了如下的事实：我们关于能感觉到的显而易见的事物的经验，是可以被分析为一种科学理论的———一种的确算不上完整，但却有着无限扩展可能的理论。这个成就加强了我们的逻辑思维和感知事实之间的亲密关系。而且，科学理论的特别形式一定会产生影响。过去，错误的科学一直是糟糕的形而上学的温床。毕竟，科学体现的是对全部证据中的一部分进行缜密的审视，而形而上学学者则是从这些证据推断出他们的结论。

第
10
章

Chapter

相对性

空间、时间和

关于时间与空间的基本问题，人们已经从许多不同的科学角度进行了思考。本文的目标不大，就是在其中一些观点之间建立联系。这就需要对每一种观点进行粗略的讨论。

数学物理学家们发展了他们的相对论，去解释莫雷 - 迈克尔逊实验（Morley-Michelson experiment）[①] 与特鲁顿实验（Trouton experiment）[②] 的负面结果。实验心理学家们从原始的经验感觉资料中，思考了空间概念的发展问题。形而上学学者们则思考了空间和时间那宏伟的一致性，它们没有起点，没有终点，没有边界，在关于它们的真理中没有例外；所有这些特性愈发将我们的注意力从经验世界中令人困惑的偶然性上转移开，而这个经验世界是

①莫雷 - 迈克尔逊实验：1887 年，美国物理学家莫雷和迈克尔逊进行的一项著名实验，试图测量地球相对于发光以太的运动，实验结果是负面的，即光速在通过假定的以太运动方向时与直角方向运行时的速度之间没有显著差异。
②特鲁顿实验：特鲁顿 - 诺布尔实验，1901—1903 年，特鲁顿和诺布尔所进行的实验，其实验结果否定了以太的存在。

受时空限制的。数学家们研究了几何学的原理，现在能够通过最严谨的逻辑论证，从有限的假设中推论出所有公认的时间和空间的普遍真理。

这些不同的思想路线在发展过程中几乎很少有关联，这是令人惊讶的。或许这样也无妨。科学的结果从来不是完全正确的。通过一种明智的、独立的思想，我们有时候或许能避免把其他人的错误加在自己身上。但毫无疑问的是，使思想之间相互增益的常规方法是，思考在其他科学中与我们同样或相关的问题的呈现形式。

在这里，我不打算对科学中的这些不同内容进行系统的研究。我既没有相关知识，也没有时间。

首先，让我们考虑一下任何相对论的终极基础。所有的空间测量都是从空间中的一个物体到另一个物体。从来都不存在真空中的几何实体。我们可以直接认知的几何特性，就是那些我们称为空间中的事物的可移动、可变化的表象的特性。比如，太阳是遥远的，球是圆圆的，路灯是排列成行的。无论人类从哪里获得了无穷无尽、永恒不变的空间概念，可以肯定地说，它都不是通过直接观察得到的直接结果。

我们认识这个结论时，存在两种相互对立的哲学方法。

一种方法是肯定空间和时间是感觉经验产生的条件，如果不投射到空间与时间中，感觉经验就不会存在。因此，尽管也许可以说我们关于空间和时间的知识是从经验中得来的，但却不能说，这种知识跟万有引力定律一样，是可以从经验中推导出来的。它不能被推导出来，因为在经验活动中，我们必然会意识到空间是一个无穷尽的既定的整体，时间是一个源源不断的一致的连续体。这种哲学观点可以表达为，空间和时间是感觉的先验形式。

处理这个问题的另一种对立的哲学方法，是肯定我们的时间和空间概念是从经验中推导而来的，就像万有引力定律的推导方式一样。如果我们形成了点、线、面，以及时间的连续瞬间等精确概念，并假定它们像几何原理和时间原理中所表达的那样彼此相关，那么我们就会发现，我们构建出了一种表达经验事实的概念，它具有我们的观察能够达到的所有精确性。

这两种哲学观点，每一个都是用来解释某个特定的难题的。先验理论解释了时间和空间规律的绝对普遍性，一种不能归因于任何经验推论的普遍性。经验理论解释了时空概念的起源，除了公认的在构建自然科学的其他概念时公认的因素外，它没有引入任何其他因素。

但是，我们还没有去处理以上两种观点的差异问题，这些差异是我们在任何有关时间或空间的讨论中，都必须铭记于心的。先暂时不考虑上面提到的问题：那些时空概念是如何与经验相关联的？只问这样一个问题：当时空概念形成时，它们是什么？

我们可以将空间中的点想象为独立存在的实体，它们被那里的终极材料（我称之为物质）占据，形成了难以确定的关系。因此，说太阳在那里（不管在哪儿），就是确定那组正负电子间的占据关系，我们将这些电子称为太阳和一组特定的点，而这些点本质上是独立于太阳而存在的。这就是绝对空间论。绝对理论目前不流行了，但它的支持者中有非常值得尊敬的权威，比如牛顿就是其中之一，因此要善待它。

另一种理论与莱布尼茨有关。我们的空间概念是关于空间中事物的相互关系的概念。因此，空间中没有诸如独立存在的点这样的实体。点只不过是物质之间某种关系特性的名称，在日常的语言中，我们说这些物质是存在于空间中的。

从相对论中可以得出，点应该根据物质间的关系去界定。据我了解，数学家们并未注意这一理论结果，他们总是将点假定为推理的最基本立足点。很多年前，我就说明了可能得到这一定义的几种方法，最近又增加了一些其他方法。类似的解释也适用于时间。在空间与时间理论的关系上得到令人满意的结论之前，我们对空间中点的定义及时间上瞬间的定义必须进行仔细的长期审察，还要对产生这些定义的许多方法进行尝试和比较。这是尚未写就的数学篇章，与 18 世纪的平行理论几乎处于相同的状态。

在这种联系中，我想关注一下时间与空间的类比。在分析我们的经验时，我们不仅区分事件，也区分那些在变化的关系中形成事件的事物。如果我有时间的话，进一步去考虑这些事件与事物的概念，将会是一件很有意思的事。现在，只要指出下面这一点就足够了：事物相互之间存在某种关系，我们将这种关系视为事物的空间扩展之间的关系。比如，一个空间可以包含、排除另一个空间，或与之重叠。空间中的一个点不过是空间扩展之中的某组关系而已。

类似地，事件之间具有特定的关系，我们将其表达为这些事件的时间持续之间的关系，也就是事件的时间延展之间的关系。（事件 A 和 B 的持续时间可能是一个先于另一个，或部分重叠，或一个包含另一个，大概有六种可能性。）事件在时间上延展的特性与一个物体在空间上的扩展情况大体相似。空间扩展是由物体间的关系表达出来的，时间延展则由事件间的关系来表达。

时间中的点是时间延展之间的一组关系。无须多作思考，我们就会相信，时间中的点并非直接来自经验。我们生活于时间的连续性之中，而不是生活在时间中的点上。但是，除了纯粹的名称概念之外，有什么群体是介于时间延展与空间扩展之间的呢？鉴于现代相对论所揭示的时间与空间之间的亲密关系，这个问题呈现出了新的重要意义。

对于这个问题，我还没有想出答案。然而，我认为时间和空间体现了物体之间的关系，我们对物体之于我们的外在性的判断，正是取决于这些关系。也就是说，空间位置和时间位置都体现了我们对外在性的一种判断，或许也使得对外在性的判断成为必要。这个想法还很模糊，我在这里不得不以这种粗糙的形式把它表达出来。

多样的欧几里得度量体系

现在，让我们转向关于几何原理的数学研究，我们要记住的最重要的结果是，它揭示了非度量式射影几何学与度量几何学之间的巨大差别。到目前为止，非度量式射影几何是更为根本性的。从点、直线和平面（不必将它们全部视为难以界定的）开始，再加上这些实体的某些非常简单的非度量性，比如，两点可以唯一地确定一条直线，这样，几乎全部的几何学就可以构建起来了。甚至还可以引入定量坐标系，为推理提供方便。但是，不需要引入有关距离、面积或体积的概念。点在线上会有一个排列顺序，但顺序并不意味着任何确定的距离。

现在，当我们探究什么样的距离测量方法具有可行性时，我们发现有很多不同的度量体系，并且它们都是可行的。主要有三种度量体系：一种是欧几里得几何学，一种是双曲线几何学（或罗巴切夫斯基几何学），还有一种是椭圆几何学。而且，不同的人或者同一个人，如果他选择的话，他可以把同一类型的不同体系，或者不同类型的体系计算在内。思考下面这个例子，后面它会让我们觉得有趣的：两个人，A 和 B，同意使用相同的三条相交直线作为轴线 x、y、z。他们都运用欧几里得类型的度量体系，并且都同意平面可以无限延展（并非必然发生的情形）。也就是说，他们都同意直线是平行的。然后，他们使用常用的笛卡儿直角坐标系，约定点 P 的坐标分别是线段 ON、NM、MP 的长度。至此，一切都是和谐的。A 在 Ox 轴上取固定线段 OU$_1$ 作为单元长度，B 在 Ox 轴上取固定线段 OV$_1$ 作为单元长度。A 把他的坐标称为（x, y, z），B 把它们称为（X，Y，Z）。

　　然后，就会发现（因为两种体系都是欧几里得类型），无论点 P 取何点，都会得到：

$$X = \beta x, \ Y = \gamma y, \ Z = \delta z。(\beta \neq \gamma \neq \delta)$$

　　他们开始调整他们的不同之处，首先着手 x 坐标。显然，他们在 Ox 轴上选取了不同的长度单位。长度 OU$_1$，A 称其为一个单位长度，B 却称之为 β 个单位长度。B 把他的单位长度从原先的

OV_1 改变为 OU_1，并得到了 X=x。但是现在，由于他必须在他所有的测量中都使用这个相同的单位长度，他的其他坐标也以相同的比例发生了改变。这样，我们现在就得到了：

$$X = x, \ Y = \gamma y / \beta, \ Z = \delta z / \beta。$$

现在，两者间的根本差异就很明显了。A 和 B 同意在 Ox 轴上使用相同的单位长度。有了单位长度，他们在该轴上选取一条既定的线段 OU。但是，他们对 Oy 轴上的哪段线段长度等于 OU_1 却不能达成一致。A 说是 OU_2，B 却说是 OU_2'。对于 OZ 轴上的长度也是如此。

结果就是，A 的球体：

$$x^2 + y^2 + z^2 = r^2$$

是 B 的椭圆：

$$X^2 + \beta^2 Y^2 / \gamma^2 + \beta^2 Z^2 / \delta^2 = r^2$$
$$即 X^2 / \beta^2 + Y^2 / \gamma^2 + Z^2 / \delta^2 = r^2 / \beta^2$$

　　于是，两者对于角度的测量就天差地别。

　　如果 $\beta \neq \gamma \neq \delta$，在 O 点就有且只有一组共同的直角坐标轴，O 点也就是它们的起点。如果 $\gamma = \delta$，但是 $\beta \neq \gamma$，那么，就存在无穷个共同的直角坐标轴，它们一个个都可以绕 Ox 轴旋转而得到。对我们来说，这是个有趣的案例。转换到任意一个平行轴，同样的现象便会重现。

　　困难的根源在于，A 的测量杆对他而言是一个刚性、不变的物体，在 B 看来，当它被转动到不同的方向时，其长度是变化的。相似地，所有的测量杆在 A 看来是令人满意的，却违背了 B 对不变性的直接判断，并且会按照相同的规律发生改变。这一困难没有解决办法。两个测量杆 ϱ 和 σ，每当一个放在另一个上面时，它们都是重合的；ϱ 保持静止，并且两人都承认它不会发生改变。但是，σ 是转动的。A 说它没有改变，B 却说它改变了。为了检验这个问题，转动 ϱ 去测量它，却恰好与它重合。但是，尽管 A 是满意的，B 却宣称说 ϱ 完全以 σ 同样的方式发生了改变。另一方面，B 获得了两个让他满意、不变的测量杆，而 A 会提出反对意见。

　　我们应当说，A 和 B 运用了不同的欧几里得度量体系。

　　人类生活最非同寻常的事实在于，所有人似乎都能根据同一个度量体系形成他们对于空间量的判断。不过，这一表述只在人类观察所能达到的精确限度之内才是正确的。当我们努力去构建一个自洽的物理理论时，我们不得不承认，不同的时空测量体系与事物的活动方式有关。

因此，对时间和空间中的量的估计，甚至对顺序的估计，在某种程度上都取决于个体观察者。但是，除了那个想象重构的世界，即对我们每个人来说，最有资格被称为我们的真实世界的那个世界，什么才是感觉经验的原初呈现呢？在这里，就需要实验心理学家介入了。我们离不开他们。我倒是希望我们可以，因为他们的理论非常难以理解。而且，有时候他们关于数学原则的知识十分薄弱，某些时候我甚至怀疑——算了，我还是别说我的某些时候的想法了；也许，他们出于同样的原因，也正和我们有着同样的想法。

不过，我还是要冒险总结一下，我相信，这些结论和物理学、心理学上的实验证据是一致的，当然也在那篇尚未写就的数学逻辑材料中提到过，关于尚未写就的篇章，我已经提请你们注意。空间、时间以及量的概念能够用来分析更为简单的概念。在任何既定的感觉经验中，运用全部这一整套概念是不必要的，甚至是不常见的。例如，外在性的概念可以在不涉及线性次序概念的情况下运用，线性次序的概念也可以在不涉及线性距离概念的情况下运用。

此外，有关空间关系的抽象数学概念可能会与那些运用于既定感知中的清晰概念混淆。比如，观察者在线性投影的意义上所说的线性次序，不同于横亘于视线中的一排物体的线性次序。

数学物理学假定了一个由明确相关的物体构成的既定世界，不同的时空体系提供了将那些关系表达成概念的不同方式，这些表达方式也适用于观察者的直接经验。

不过，必定还存在一种表达方式，来阐释一般外部世界中对象之间的关系。不同方法只是选择不同观点而产生的结果，也就是说，作为观察者所增添的东西（可以说是）停留在宇宙之中的结果。

但是，这种将自然科学世界构想为由假设性对象组成的方法，看上去只是一个神话。真正真实的东西是直接经验。演绎科学的任务在于，考虑适用于这些经验资料的概念，然后思考与这些概念相关的概念，以此类推，直到进行必要的提炼。随着我们的概念变得更加抽象，它们之间的逻辑关系变得更具普遍性，更不容易出现例外。通过这种逻辑建构，我们最终得到的概念是:(1)在个人经验中具有确定的例证;(2)在逻辑关系上具有一种特有的平整性。比如，数学时间或数学空间的概念，就是这类平整的概念。没有人生活在"一个无穷尽的既定整体"之中，相反，人们生活在一组碎片式的经验集合中。问题是要通过逻辑建构的过程，将数学中的时间和空间概念呈现为这些碎片式经验的必然结果。其他物理概念也同样如此。这一过程从片段的经验世界中构建了一个概念的普遍世界。有实体的埃及金字塔其实是一个概念，它的真实之处在于埃及民族注视它时的那些碎片式经验。

只要科学寻求摆脱假设，它就不可能超越这些一般意义上的逻辑建构。对于这样被构想出来的科学而言，上面提到的时间顺序的分歧问题就不会带来什么困难了。不同的时间体系只是表达了数学建构与那些（真实的或假设的）个体经验之间的不同关系，经验作为原初材料的存在，数学建构则从这些材料中得到了阐释。

但是，我们毕竟有可能对数学建构作出阐释，从而排除对特殊经验的具体参照。不管经验资料是什么，我们一定可以将它们表述成一个整体，这就是对一般世界普遍特性的表述。我们很难相信，有了适当的普遍原理，还无法在这些特性中发现时间和空间。

如果我对康德的理解是正确的——我承认这是很成问题的——他说过，在经验行为中，我们意识到空间和时间是经验发生的必要元素。我要相当胆怯地提出，这个说法应该予以不同的扭转，事实上是要被转到与其相反的方向上去——也就是说，在经验行为中，我们感知到的是由相互关联的不同部分构成的一个整体。这些部分之间的关系具有某些特性，时间和空间就是对其中一些关系特性的表达。那么，时间和空间被赋予的普遍性和一致性，就表达了可称为"经验结构的一致性"的东西。

人类在推论自然法则一致性方面所取得的成功尽管不算大，但就现状来说，则证实了这种经验结构的一致性超越了被表达为时间和空间的经验资料的那些特性。时间和空间对经验来说是必要的，就它们对我们的经验特性的意义而言；当然，没有人在获取经验的过程中可以不遭遇时间和空间。在康德的推论中，我看不到除了说"是什么？是……"这样的话之外更多的内容——它足够正确，但却不是很有帮助。

但我承认，我所说的"经验结构的一致性"是最奇妙、最引人注意的一个事实。我已经准备好去相信它仅仅是个幻觉了。稍后，我会在这篇文章中提出，这种一致性并不属于原初经验资料之间的直接关系，而是人们用更精确的逻辑实体来代替它们的结果，比如关系之间的关系、关系的类别、关系类别的类别等。我认为，通过这种方式可以表明，这种一致性必须归因于经验，它比通常所能接受的具有更为抽象、淡化的特征。将物质世界的统一时间与空间提升到逻辑抽象的水平，这个过程也有利于认清另一个事实，即所有直接的个人意识经验具有极其碎片化的本质。

在这方面，我的观点是，碎片化的个人经验是我们所知道的全部内容，所有的推断都必须从这些碎片开始，把它们作为自身唯一的资料。说我们直接意识到了一个平稳运行的世界，并在推

断中将其视为既定的世界，这是不正确的。在我看来，创造世界
是推断思维的第一个无意识行为；而自我意识哲学的首个任务，
就是要解释此行为是如何完成的。

大致存在两种竞争性的解释。一种是断言世界是假定之物；
另一种则认为世界是由推论获得的，不是通过一系列推理得到的
推论，而是通过一系列定义所得到的推论。事实上，这些定义将
思维提升到一个更为抽象的水平，其中的逻辑概念更为复杂，它
们的关系也更具普遍性。通过这种方式，碎片化的有限经验维持
了那个彼此关联的无限世界，我们认为我们就生活在这个世界之
中。我有很多想谈论的，但是关于这一点，我想说的是：

（1）直接经验能够作为这种推论的上层建筑，这一事实必定
意味着，它本身具有某种结构上的一致性。所以，这一重大事实
仍然继续存在。

（2）我不想否认这个世界是假定之物。我可以不带任何偏见
地说，在我们目前哲学发展的初级状态中，如果没有居中的公理，
我看不到我们该如何继续，事实上，这些公理都是我们习惯性的
假定。

我的观点是，通过仔细的审视，我们应该将这些假设从我们
系统性知识的各个部分中排除出去，没有这些假设，这些知识也
是可能成立的。

现在，关于我们不同感觉表现之间相互关系的知识，是由自然科学组织起来的。我认为，在这部分知识中，这样的假设尽管还没有完全被排除，但能够通过我描述的方式减少到最低限度。

我们再一次注意到，从另一个角度思考空间的关系理论，会把我们带回到基本的空间实体是从事物之间的关系中发展出来的逻辑建构这个概念。区别在于，这一部分是从更为成熟的角度写就的，因为它暗中假设了空间中的事物，并将空间视为对事物间特定关系的一种表达。将这部分与之前的论述结合起来，我们看到，建议的步骤是首先根据经验资料去定义"事物"，然后根据事物之间的关系来定义空间。

我要强调一点，我们关于物质世界的唯一准确资料就是我们的感觉认知。我们一定不能陷入这样的谬误中，即假定我们正在比较一个既定世界和对这个世界的既定感知。用某种普遍意义的术语来说，物质世界就是一个推论出来的概念。

事实上，我们的问题是让这个世界适应我们的感知，而不是让我们的感知去适应这个世界。

青豆读享 阅读服务

帮你读好这本书

《教育的目的》阅读服务：

解读音频   20分钟快速了解本书主要内容和核心观点。

思维导图   提炼各章重点，10张图带你速览全书精华。

原理透视   漫画解读"教育三阶段"理论，帮你轻松理解怀特海教育思想。

重点解读   梳理文科、理科和技术教育的关系，带你鸟瞰怀特海的教育蓝图。

作者故事   多角度呈现怀特海的人生经历，帮助你更好地理解作者的观点。

......

（以上内容持续优化更新，具体呈现以实际上线为准。）

每一本书，都是一个小宇宙。

扫码进入
正版图书配套阅读服务